BEI GRIN MACHT SICH IHR WISSEN BEZAHLT

Bibliografische Information der Deutschen Nationalbibliothek:

Die Deutsche Bibliothek verzeichnet diese Publikation in der Deutschen National-
bibliografie; detaillierte bibliografische Daten sind im Internet über http://dnb.d-
nb.de/ abrufbar.

Impressum:

Copyright © 2014 GRIN Verlag, Open Publishing GmbH
Druck und Bindung: Books on Demand GmbH, Norderstedt Germany
ISBN: 978-3-668-15713-2

Dieses Buch bei GRIN:

http://www.grin.com/de/e-book/315215/systematische-und-historische-berufspaed-
agogik-eine-zusammenfassung-von

Henriette Bartusch

Systematische und historische Berufspädagogik. Eine Zusammenfassung von Sozialutopien über den kategorischen Imperativ bis zu Georg Kerschensteiner

GRIN Verlag

GRIN - Your knowledge has value

Der GRIN Verlag publiziert seit 1998 wissenschaftliche Arbeiten von Studenten, Hochschullehrern und anderen Akademikern als eBook und gedrucktes Buch. Die Verlagswebsite www.grin.com ist die ideale Plattform zur Veröffentlichung von Hausarbeiten, Abschlussarbeiten, wissenschaftlichen Aufsätzen, Dissertationen und Fachbüchern.

Besuchen Sie uns im Internet:

http://www.grin.com/

http://www.facebook.com/grincom

http://www.twitter.com/grin_com

1. Vorlesung 09.04.2014

Klausur: Logik der geschichtlichen Entwicklung durchschauen

- 17. Jh. eingeleitet durch Luther = Beginn einer neuen Zeit → MA endgültig zu Ende
- Zeitalter des aufgeklärten Menschen beginnt (Wer war Aufklärer? Was versteht man unter Aufklärung?)
- Comenius (Philosoph, Didaktiker, Theologe): „Alle sollen alles lernen." → schwierig in ländlicher, dörflicher Gegend → Bauernstand stand Bildung am entferntesten gegenüber → Aufklärung kommt hier evtl. später an
- Lehrer ist mehr oder weniger gezwungen mit System konform zu gehen → deswegen gingen Revolutionen selten von Lehrern aus → in Kleinstädten waren Lehrer recht arm
- Man muss zwischen Aufklärern differenzieren → Wer waren die Aufklärer unter den Aufklärern?
- Aufklärung hat unter Akademikern begonnen
- Besonders jüdische Intellektuelle (auch Frauen) streben nach Bildung und Emanzipation

Die Sozialutopien – Funktionen und verschiedene Formen (Folie)

- Utopien = literaturgeschichtliche Form der Zeitkritik in einer besonderen Art und Weise → von einer utopischen Vision
- Utopie = Konzept, Vision, Wunschvorstellung, versucht Antwort zu geben auf die alten Träume der Menschen, z.B. Theorie der gerechten Aufteilung von Gütern
- Den Menschen wird ein Spiegel vor Augen gehalten
- Utopie = meckert nicht nur, sondern stellt sich auch etwas besseres vor → macht konstruktive Vorschläge
- Utopien sind alle gescheitert, außer der Kapitalismus
- Frage: Warum sind Utopien gescheitert? War z.B. DDR eine falsche Konstruktion oder gute Idee, die falsch umgesetzt wurde?
- Ist Utopie von vorn herein falsch vs. gute Idee, die schlecht realisiert wurde?

Bibel

1) *Offenbarung* (= einzige Utopie des Christentums): Neues Testament: Beginn eines 1000-jährigen Reiches: endgültiger Sieg Gottes über den Satan (→ nach Sieg beginnt 1000-jähriges Reich → Was ist mit Satan gemeint? → S. Freud: „Der Teufel ist in jedem von uns" → Satan: = falsche, unmenschliche Strukturen in der Gesellschaft; Antichrist → nach Sieg muss man sich vor Satan schützen → im neuen Testament stellt man sich vor, dass 1000-jähriges Reich nur hinter einer Mauer existieren kann → Mauer ist unbezwingbar → Höhe ist berechnet im neuen Testament: 70 m → Geld = Ursache des Übels → Auf welche Ursachen ist Leid der Menschen zurückzuführen? → Diese Frage ist richtig → Das jedoch Geld die Ursache ist → Dieser Gedanke ist falsch → Utopien sind eingeschlafen → Unter welchen Umständen entstehen Utopien? → Entstehen aus Mangel → aber gegenwärtig Überschussgesellschaft)
2) *Hl. Augustinus*: Der Gottesstaat (4. Jh.)
   *keine Ausbeutung, kein Krieg, Gütergemeinschaft (Differenzierung, welche Güter unter gemeinschaftliche Aufsicht gestellt werden sollten und welche nicht → Das was wir haben ist begrenzt, wie wir es verteilen, ist Frage der Klugheit → 2 Strategien: 1. Gesellschaftliches System von heute auf morgen ändern 2. (= systemtheoretisch klügere Lösung, da sie Korrekturen offen lässt) Kleine Schritte machen
3) *Thomas Morus* (1478-1535): Die Insel „Utopia" = ein Nicht-Ort
   *Ethos der Arbeit
   *Landwirtschaft als erster Beruf für alle
   *ein Handwerk als zweiter Beruf für jeden

*ein zweites Handwerk für einige, die so besonders bewundert werden

*Sozialethik: Geburtenkontrolle, Selektion der Ehepartner

(auf Utopia gibt es große moralische Würde der Menschen: Jeder muss arbeiten → Inhalt der Arbeit: Jeder muss gewisse Zeit in Landwirtschaft gearbeitet haben → Während Sommer verlassen alle Stadtbürger Städte und wohnen und arbeiten auf dem Land → pädagogische Bedeutung: ich muss auch als Kind landwirtschaftliche Fähigkeiten erwerben → handwerklicher Beruf (2 Stück) → Sozialethik: nur gesunde Partner zusammen, um Erbkrankheiten auszuschließen → Kombination verschiedener Tätigkeiten fördert vielseitige Fähigkeiten → Luther sagt, Missgunst unter Berufen resultiert aus Unkenntnis)

4) *Tomaso Campanella* (geb. 1568): Der Sonnenstaat

* Herrschaft der Wissenschaften und Künste (=Minister)

* Die Mauern der Stadt = monumentale Bilder als Unterrichtsmittel an den Wänden → man geht durch Stadt und wird konfrontiert mit Dingen aus Wissenschaft und jemand ist dabei, der es erklärt

* Privatbesitz existiert nicht

* jeder hat zum Wohl des Staates beizutragen

* geistiger Fortschritt und Erfolg der Gemeinschaft = höchstes Gut

* Vision eines allen Bürgern gleichermaßen dienenden Gemeinwesens

(Sonnenstaat = neben Utopia große klassische Utopie)

5) Francis Bacon (geb. 1561): Neu-Atlantis

* Neu-Atlantis = Insel

* Eine Utopie der technischen Entdeckungen und Erfindungen

(= Begründer der induktiven Methode in Naturwissenschaften → Nur Methode der Induktion betritt das Unbekannte; Bacon sagte, 1000 Jahre nach Platon sitzen Menschen immer noch in der Höhle)

2. Vorlesung 16.04.2014

- Idylle = positives Gefühl inne
- Problem liegt im politischen System
- Patriarchalischer Gedanke → in Anspruch-Nehmen von Privilegien → Eigenwilligkeit? → Sozialismus typisch
- Personenkult teilweise inszeniert (Bsp. Stalin) → Verehrung der Weisheit → Vertrauen, Vater → Dresden wollte Helmut Kohl ein Denkmal setzen, weil er wichtige Rede hielt 1989 (DMark) → War Kanzler der Einheit → wollte kein Denkmal
- Jedes Land verdient den Führer, den es verdient
- Gegenwart = Pluralismus, Meinungsvielfalt, parlamentarische Demokratie → Genau das, was Sozialismus immer suggeriert hat → Geschichte hat gradlinigen Verlauf, es geht allen immer besser
- Was ist mehr wert? Leben eines einzelnen Menschen oder Glück der Gesellschaft? → Frage ist falsch gestellt → Glück der Gemeinschaft = Glück jedes einzelnen Menschen
- Wie ist es möglich, dass Menschen sich selbst schaden (z.B. Terroristen) → durch Erziehung → Menschen so erziehen, dass sie die Dinge glauben
- Unter Hitler vertrauten alle blind, weil sie hofften, es geht ihnen später besser
- Heute Gefühl der Orientierungslosigkeit, weil sich durch Masse der Infos und Wertungen keine Konsequenz ableiten lässt
- Es gibt heimliche Sehnsucht nach scheinbar stabiler Zeit (die es scheinbar in DDR gab)
- Sowohl in Sozialdemokratie, als auch in Kommunismus
- Klemperer kritisierte die Teilung Dtl.
- Überlegung, wie Utopie aussehen könnte (Künstler, Philosophen) → oppositionelles Nachdenken über Utopien
- Utopien des Altertums = leicht verständlich, da elementare Vorstellungen → heute ist es nicht mehr so leicht Utopien zu entwickeln
- Grottis Utopie: Dtl. tritt aus Nato aus und erklärt militärische Neutralität → fraglich ist jedoch, wie man aus Verträgen rauskommen kann → hier eigentliches Ende der Utopie
- Utopie im Bildungswesen → moderne Schule der Zukunft → Grundstipendium für alle, unabhängig vom Gehalt der Eltern → absolute Gerechtigkeit ist nicht herstellbar
- Feudalismus (Vorstufe des Kapitalismus) → es ist genug für alle da, aber Güter müssen verteilt werden → Wer entscheidet, wer wie viel bekommt? → setzt Loyalität voraus → Verteilungsgerechtigkeit ist dann leicht, wenn man konkrete Strukturen hat → Bsp. Hartz 4 Satz wurde nach der Notwendigkeit nach Schuhen berechnet → Sozialismus: alles reguliert sich selbst, wer fleißig ist, hat viel, jeder hat Glück selbst in der Hand
- Glück besteht nicht aus materiellem Reichtum → Glück muss man woanders suchen
- Religion: In allen Utopien sieht es so aus, als würde Religion zurücktreten → christliche Werte bleiben aber → 4 Kardinaltugenden (Gerechtigkeit, Weisheit, Tapferkeit, Mäßigkeit) der Antike lebendig machen → sind nie in Praxis realisiert worden
- Utopie muss auch im Alltag gestaltet und organisiert sein
- Grundidee der Utopien = Wertschätzung der Arbeit → kommt durch eigene Erfahrung → deswegen ist es nicht schlecht, wenn Menschen vor Studium Erfahrung in verschiedenen Berufen gemacht haben
- In Sozialutopien Phänomen, dass akademische Ämter besonders geschätzt sind → in heutiger Zeit misst sich Maßstab der Wertschätzung an Gehältern
- Leben fordert 4 Kardinaltugenden der Antike kombiniert mit drei christlichen Tugenden (Liebe, Glaube, Hoffnung)
- Beruf = Ausdruck von Nächstenliebe nach Luther

- Utopien sind noch nicht zu Ende, da neue Probleme herangereift sind

Die Sozialutopien – Funktionen und verschiedene Formen (Folie)

- Utopie = Produkt der Unsicherheit, erwächst aus Alltag
- Was kann Politik/Wirtschaft für Utopie tun? → Utopie muss auf festem Grund entstehen → Bündnis von Geist & Wirtschaft/Geld muss existieren → Ökonomisches immer an Utopie gebunden → Es ist schwer Wirtschaft von Utopie zu überzeugen, aber noch schwerer ist es, Politik von Utopie zu überzeugen
- 18. Jh. =Siegeszug der Naturwissenschaften

a) *Sozialkritik auf indirektem Weg*   (= Form des Spiegels)
  (Utopie immer verdächtig, dass sie Kritik am Staatswesen übt → Kritik muss also indirekt verpackt werden → z.b. nicht Darstellung in meinem Land sondern Utopie auf einer Insel spielen lassen)
b) *Aufklärung*   (= Vermittlung von Wissen)
  (Aufklärung = Behaftet mit Unsicherheiten → Stätten der Aufklärung = Universitäten)
c) *Vision*   (= praktische Entwürfe)
  (Bsp. Utopia)
d) *Phantasie*   (= geistige Konzepte)
  (Bsp.: Geschichte vom süßen Brei → Hunger als Antriebskraft der Phantasie)
= Utopisten haben richtige Fragen gestellt, aber zum Teil falsche Antworten & radikale Lösungen gegeben
= alles ist möglich, aber Bedingungen müssen geschaffen werden

Theorien (Folie)

- *Francis Bacon* (geb. 1561): Neu-Atlantis
  o Eine Utopie der technischen Entdeckungen und Erfindungen
  o Eine Utopie der Wissenschaften (Akademie)
- *Johann Valentin Andreae* (1586-1654): Der Christenstaat
  o Religiös-pietistische Utopie, große Ähnlichkeit mit Comenius
  o Comenius (Aufklärer, Didaktiker, Bildungsreformatiker, Entdecker der Realpädagogik): Didaktik von Comenius war zu seinen Zeiten eine Utopie → am detailliertesten ausgestaltete Bildungsutopie → bedeutendstes Kapitel = 30. Kapitel → Comenius = Entdecker der Realpädagogik → von NaWi wurde noch nicht viel gesprochen, erst durch Comenius → 1. Mutterschule, 2. Lateinschule (Grammatik, Dialektik/Logik, Rhetorik, Arithmetik, Geometrie, Astronomie, Geographie, Musik, Naturwissenschaften, Chronologen, Historiker, Ethik, Theologie) → NaWi wurde unterrichtet, aber auf Latein → führt zu Universitäten: von hier kommt Geist → Lehrer: Studium der reinen NaWi und dann Lateinschule → neue Methodik wächst heran: experimenteller Unterricht → zu Beginn von Lehrer allein durchgeführt

4. Vorlesung 30.04.2014

Realismus

- Zeitweise Abwendung von Religion im Schulsystem → möglicherweise Spaltung bei Lehrern → Griechisch + Latein + Hebräisch (Philologen) vs. Mathematik → arbeitet sich in Bezug Lehrer hinauf → Modell des Mathelehrers unterscheidet sich von Ansichten anderer Lehrer
- Schwächstes Glied der Utopien ist wirtschaftliches Modell (Abschaffung des Geldes kann nicht funktionieren) → Menschen müssen Umgang mit Geld erlernen, Geld moralisch angemessen zu nutzen (Problem besteht bis heute)
- Ökonomisches Denken hält im 17./18. Jh. Einzug (bei Luther gab es auch ökonomisches Denken → wollte, dass keiner zu großen Gewinn macht; Gewinn muss der Arbeit entsprechen)
- Woran kann der Wert beruflicher Bildung gemessen werden? → je länger man gelernt hat, desto angesehener ist man in der Gesellschaft → keine Aussage über Qualität
- Wie kann Bildung den wirtschaftlichen Gewinn steigern? → Qualität & Quantität → Regulierung durch Zünfte
- → heute kann durch Qualifizierung besserer & höherer Gewinn erzielt werden
- Lehrer brauchen ein Gefühl für Sprache → Kulturgut
- Höhere Bildung
- Kompromisse zwischen Disziplinen
  - o Was ist studierbar/lernbar/machbar?
  - o Was-Wovon-Wie viel?
  - o Quantitative Reduzierung bei bleibender Qualität (12/13 Jahre Abi)
- Im 19. Jh. Streit zwischen Sprache & Naturwissenschaften geht auf Comenius zurück (%-Methoden-Kapitel)

Pädagogischer Realismus

- nicht nur auf Fächer reduzieren, sondern auch Methoden mit einbeziehen
- realistisch ist weltanschauliches Problem
- realistisch entspricht den realen Gegebenheiten
- Pfarrer war auf dem Dorf meist auch Lehrer
- Wie erzieht man jemanden zum Realitätssinn? (Pestalozzi: Kopf-Herz-Hand)
- Comenius:
  - o Lateinschule
  - o Der kluge Mensch bedient sich der Naturwissenschaft → kluger Christ, der sich Schöpfung erklären kann
  - o Sprache und Naturwissenschaft in einem großen System → Naturwissenschaft (war zunächst Gegner) vs. Theologie
  - o Schüler erweist sich als offen → durch Erfindungen in der Renaissance entstehen Fragen
  - o Kritische Aufklärung = Aufgabe der Schule → Comenius: „Man kann nicht nur glauben."
  - o Experimente werden im Unterricht eingeführt → Schüler muss Aussagen nicht mehr einfach nur hinnehmen → Experiment: neue Didaktik, neue Methoden
- Comenius im 18. Jh.: (Strömungen, 3 Ismen: Monetarismus; Physiokratismus; Merkantilismus)
  - o Merkantilistische Pädagogik
  - o Pietistische Pädagogik
  - o Philanthropistische Pädagogik

- **Merkantilistische Pädagogik:**
  - Merkantilismus = ein nachträglich geprägter Begriff für ein Spektrum verschiedener wirtschafts-politischer Konzepte, welche sowohl geldpolitische als auch handels- und zahlungsbilanztheoretische, aber auch finanzwirtschaftliche Ansätze verbinden; war in Europa die vorherrschende wirtschaftliche Lehrmeinung der Frühmoderne (vom 16. bis zum 18. Jahrhundert)
  - Kraft der Wirtschaft/Produktion
  - Reichtum → Summe & Wertigkeit → Wettbewerb entsteht
  - Suche nach Stellschraube nur Reichtum zu erhöhen → Wissen darum hat mit Bildung zu tun
  - Beginn des Zeitalters ökonomischer Improvisation
  - Werte von Gegenständen, Geld & Gold schwanken und muss angepasst werden
  - Ökonomisches Denken gründet auf Mathematik → glorifiziert Bankwesen
  - Monetarismus (hat Anschein erweckt, dass diese Theorie Sicherheit vermittelt) → Weltwirtschaftskrise → Theorie nicht falsch, sie muss nur richtig gehandhabt werden → bei Privatperson funktioniert Theorie meist, in Gesellschaft manchmal, aber schon schwieriger
  - Durchdringung der Wirtschaftskreisläufe
    - Sphäre zum rationalen Denken?
    - Antrieb zum Gewinn
    - Gewinnerhöhung → Triebkraft → Zweckrationalität
  - Das ökonomische Moment (3 Ismen) im berufspädagogischen Denken, Verdrängung des religiösen Moments → Das ökonomische Moment spielt große Rolle → = geeignetes rationales Instrument, um Investition & Einnahmen, Ausgaben und Gewinn in Verhältnis zu setzen, berechenbar zu machen
  - Zusammenhang zwischen Ökonomie & Religion: Wie groß ist das Reich des Glaubens, wie groß das des Realismus?
  - Was sind die Quellen des Reichtums der Nation: Welche Faktoren wirken? Disziplin, Genauigkeit
  - Welchen Einfluss hat Nationalität, Kultur, Religion?
  - 19. Jh.: protest. Länder haben mehr Kapital
  - *Monetarismus:* Reichtum = Geld und Edelmetalle; auf den amerikanischen Volkswirtschaftler Milton Friedman (*1912, †2006) zurückgehende volkswirtschaftliche Lehrauffassung, nach der die Geldmenge der wichtigste Faktor zur Steuerung des Wirtschaftsablaufs ist. Theoretische Grundlage des Monetarismus ist die Quantitätstheorie. Danach soll die Geldmenge durch die Zentralbanken so gesteuert werden, dass sie möglichst ohne Schwankungen mit dem Wachstum der volkswirtschaftlichen Produktion (reales Sozialprodukt) ausgeweitet wird. Ausschläge der Konjunktur sollen damit verhindert und eine stetige Wirtschaftsentwicklung gesichert werden.
  - *Physiokratismus:* = Fruchtbarkeit des Bodens (Landwirtschaft); Der Physiokratismus (= Herrschaft der Natur) war eine Entwicklung in Frankreich die sich gegen den Merkantilismus richtete; Gründer: der französische Naturrechtphilosoph Francois Quesnay (1694-1774). Nur Ackerbau produktiv: Aufhebung von Frondienst, Flurzwang, Getreidezöllen (Freihandel); Physiokratismus könnte man als landwirtschaftlichen Liberalismus bezeichnen. Der Feudalismus wird erstmals aus wirtschaftlichen Motiven angezweifelt. → Reichtum ist nichts statisches → Bauern = produktiver Stand vs. nicht-produktive Klassen → Winterabendschulen 18. Jh.: Nützliches vermitteln (Nov., Dez., Jan., Febr.); Naturwissenschaften setzen sich auf dem Land und bei den Bauern durch
  - *Merkantilismus:* aktive Handelsbilanz und Ausbildung (!); Der Merkantilismus das vorherrschende wirtschaftspolitische System im Zeitalter des Absolutismus. Der Begriff Merkantilismus stammt von Adam Smith. Er bezeichnete damit eine wirtschaftspolitische Ideenrichtung, die von

Fürsten und leitenden Staatsbeamten vertreten wurde und vom 16. bis Endes des 18. Jahrhunderts wirksam war. Unter Merkantilismus wird kein geschlossenes theoretisches System verstanden, sondern ein Bündel von wirtschaftspolitischen Maßnahmen. Dabei entwickelten die einzelnen europäischen Länder sehr unterschiedliche Spielarten des Merkantilismus, z.B. in Deutschland den Kameralismus.

- Historische Hintergründe: Ungeheure Ausweitung des Welthandels in dieser Zeit (Entdeckung Amerikas, Seeweg nach Indien): große Mengen Gold und Silber strömen nach Europa; Kampf der europäischen Staaten untereinander um Kolonien; Staaten brauchen Geld für Streitkräfte; Zeit der Herausbildung der ersten Nationalstaaten Frankreich und England.
- Hauptlehren: Geld steht im Mittelpunkt der Wirtschaftspolitik und nur der Staat ist mächtig, der über Gold und Geld verfügen kann; Ziel des staatlichen Handelns: aktive Handelsbilanz, die einerseits über die Hebung der Bodenschätze im eigenen Land, andererseits über die Einfuhr von Edelmetallen aus den Kolonien erreicht werden kann.
- Hauptziele: Bevorzugung inländischer Unternehmer; Minimierung der Einfuhr von Fertigwaren; Förderung der Einfuhr von Rohstoffen; Minimierung der Ausfuhr von Rohstoffen; Förderung der Ausfuhr von Fertigwaren
- Vertreter des Merkantilismus *Thomas von Aquin* (13 Jh.) hat die wirtschaftliche Autarkie des Staates vertreten; *Jean Bodin* war für die Bedeutung des Geldes für die Wirtschaft eines Staates bekannt; *Ludwig XIV.* verbesserte die Finanzkraft Frankreichs indem er zwei Ziele anstrebte: ein wirksameres Steuersystem und eine bessere Entwicklung der Wirtschaft
  o → jede der Strömungen deckt bestimmten Berufsstand ab
  o Buchführung, Kalkulation, Währung: → Schreib-, Lese-, Rechenschule → Üben, Lernen, Kontrolle, Prüfung → es entsteht neue Wissenschaft → Kompromisse
  o Von Leseschulen zu Handelsschulen, Fakultäten für BWL, VWL
  o Pädagogische Quintessenz:
    - Reichtum eines Volkes: Bildung und Kultur des Menschen, irdische Güter unbeständig
    - Wissen/Erfahrung kann niemand wegnehmen
    - Frei machen von Abhängigkeit → Beruf lernen
    - Ethos der beruflichen Bildung
    - Das höchste Kapital: Wissen, Bildung, Erfahrung
  o *Johann Joachim Becker* (1635-1682)
    - Werck-Haus in Wien = Mustermanufaktur, in der die besten Meister, Lehrlinge etc. ausgebildet wurden
    - Ausbildung der Besten → unmöglich homogene Gruppe auszubilden → sozialutopisch
    - Idee: gute Ausbildung beginnt mit guten Lehrern/Ausbildern
  o *Paul Jakob Marperger* (1656-1730)
    - Dreifach güldenes Kleeblatt

- Das ökonomische Moment im berufspädagogischen Denken
  - o Ökonomisches Moment = Verdrängung des religiösen Moments d.h. der Glaube (Kohlberg Stufe 4) verliert an Kraft (→ Stufe 2 (gewünscht sind Menschen auf Stufe 2))
  - → Was sind die Quellen des Reichtums der Nation:
  - o Monetarismus: Reichtum = Geld und Edelmetalle
  - o Physiokratismus: Fruchtbarkeit des Bodens (Landwirtschaft)
  - o Merkantilismus: aktive Handelsbilanz & Ausbildung (!)
- Im 18. Jh. wird Ökonomie durch Pädagogik entdeckt → mit Zurückgehen der Religion nimmt Ökonomie zu
- Ökonomische Strömungen priviligieren bestimmten Berufsstand (z.B. Physiokratismus: Bauern)
- 1. Großer Merkantilist:
  - o *Johann Joachim Becher* (1635-1682): gründete Werck-Haus in Wien → soll Niveau der beruflichen Ausbildung voranbringen → Ausbildung wurde aus Hoheit der Zünfte entlassen → Zünfte hatten Monopol über berufliche Ausbildung → Kampf gegen die Zünfte entwickelte sich → Kampf zwischen Merkantilisten & Zünften → Sozialutopische Idee: Wenn man an Ort beste Meister konzentrieren kann, hat man irgendwann die besten Handwerker → Wenn man idealen Lehrer hat und ideale Ausbildung, hat man irgendwann nur noch kluge Köpfe → Projekt Werck-Haus scheitert → Werck-Haus geht als Utopie krachen → Becher gehört wie Leibniz zu Universalgenies (beschäftigte sich mit allem Möglichen) → 18. Jh.: Glaube, dass mit Konzentration der Wissenschaften an Akademien etwas gegen soziale Missstände getan werden kann → Becher beschäftigte sich auch mit Pädagogik → Schulkonzept: Volksschule, Mechanische Schule = Neue Schule → am Mythos des Universalgenies ist Knackpunkt der Diletantismus
- 2. Merkantilist
  - o *Paul Jakob Marperger* (1656-1730): Studium der Handelsgewohnheiten anderer Länder (schrieb z.B. über schlesischen Kaufmann, russischen Kaufmann etc.) → heiratete reiche Tochter → schrieb in Sachsen Buch: *Trifolium mercantile aureum* (1723) = Dreifach güldenes Kleeblatt → hatte Fachschule der Freiwilligkeit für besonders Begabte und Freiwillige im Sinn → für jeden Berufsstand Fachschule → schrieb über Fachschulen → breite Grundbildung und dann zunehmende Spezialisierung (Dreistufenmodell) → Marperger stellte sich vor: berufliche Grundlagen einer Vorbereitung vermitteln (Mathematik etc.) und dann Spezialisierung → Kritik Marpergers war radikal: Den dt. Handwerkern fehlt es an logischem Denken → Rationalität wurde mit Preis praktischer Misserfolge bezahlt → Gefahr des Schlendrians in allen Bereichen → Erziehung zu exakter Arbeit, Qualität, Verlässlichkeit und Bildung zu Fähigkeiten des logischen Denkvermögens → Welche Fächer sind geeignet zur Vermittlung des logischen Denkvermögens?: Jede Wissenschaft hat innere Sachlogik → jedes Fach im Schulunterricht leistet Beitrag zur Bildung der Logik → Dreifach güldenes Kleeblatt stellt er sich so vor: Gott hat Kleeblatt stets im Flor → Dreieinigkeit symbolisiert sich in 3blättrigem Kleeblatt → jedes Blatt symbolisiert Bereich → wichtigster Bereich für Merkantilismus = 1. Kleeblatt Handel → 2. Kleeblatt = Wirtschaft (Produktion) → 3. Kleeblatt = Politik, kann durch Steuern/Verordnungen behindern oder beschleunigen → 4. Blatt fehlt: Bildung & Erziehung → (alle Blätter stehen in Verbindung) → Grenze Marpergers → so weit war sein Bewusstsein noch nicht ausgeprägt → Kleeblatt ist nichts Statisches → sondern Organismus, wo Zahnräder ineinandergreifen → Modell des Kleeblatts = Idee der Gewaltenteilung bzw. der Wohlfahrt aller Bereiche miteinander → Grotti ist es zu primitiv → Es wird immer noch ein Modell für funktionieren von komplexen Gesellschaften gesucht → hat noch weitere Vorstellungen entwickelt, was die Berufe selbst betrifft → hat mit Kleeblatt zu tun → Idee der Doppelqualifikation Mechaniker + kaufmännische Ausbildung / Kaufmann +

Ausbildung auf mechanischem Gebiet → einen Beruf gründlich lernen und Erfahrung & Wissen eignet man sich nebenbei an → hat Leute beobachtet und ihre unterschiedliche Bildung aufgeschrieben → Frühe Form der Globalisierung des Handels (Handel ohne Grenzen)

- o Marpergers Plan:
    - ▪ berufsspezifische „Mechanische Werkschulen" = berufshomogene Schulen = nicht verwirklicht
    - ▪ sowie Gründung einer Kaufmanns-Akademie = nicht verwirklicht → höhere Schule, auf der Mann Handwerkswissenschaften studieren könnt
- Merkantilistische Diskussion: Armen- und Waisenhäuser gegründet durch Staat (Definition von Armut: verschuldete und nicht verschuldete Armut) → Armut durch gute Ausbildung vermeiden → Weg in die Selbstständigkeit von Waisen: berufliche Bildung → Problem: um in Zünfte eintreten zu können brauchte man christliche Geburtsurkunde → Wer diese nicht hatte, hatte keine Chance → dann ergab sich Differenzierung nach Leistung (Wer der Beste war, erhielt Ausbildung) → Waisenhauspolitik war nicht nur Konzept der Fürsorge, sondern Bildungsmoment kam als aktives Moment hinzu → Ziel: Stadt, Straßen & Staat sollte frei sein von Bettlern → zum einen etwas für Menschen tun & zum anderen will ich sie nicht auf der Straße sehen
- Merkantilismus: Vorschlag für medizinische Einrichtungen → keine gescheite Geschichte der Medizin als Buch → Ausbildung von Hebammen reicht zurück bis ins 18. Jh. → Merkantilismus ist nicht nur Handelswissenschaft, sondern auch Moral, Ethik, Pädagogik

6. Vorlesung 14.05.2014

- Was ist wichtiger Religion oder Wirtschaft?
- Staat & Politik haben auch Gründe, sich um Bildung zu kümmern
- Qualifikation ist unsichtbare Ressource
  → Staat & Handel & Produktion
- Entscheidende Frage ist, ob Lehrer praktisches Wissen vermitteln kann (z.B. bei handwerklichen Berufen)?
- Dilemma: Ingenieure und Meister sind gute Fachleute, haben aber keine Ahnung von Pädagogik vs. Lehrer, der studiert hat, hat pädagogische Kenntnisse, aber ist keine Handwerksmeister → Meister hat keine Angst vor Fragen vs. Lehrer hat Angst vor Fragen → es gibt keine perfekte Lösung → im 18. Jh. entsteht mögliche Variante: Schule als mögliche Weiterbildungseinrichtung (war aber keine Pflicht)
- An sächsischen Schulen Kompromiss: technischer Lehrer vs. wissenschaftlicher Lehrer → Das Eine mit dem Anderen kompensieren
- Gegenwärtig: vielfältige Formen betrieblicher Fort- und Weiterbildung
- 18. Jh. kennt Formen der Weiter- und Fortbildung noch nicht
- berufliche Bildung konstituiert sich aus verschiedenen Modulen: Schule, praktische Ausbildung, Wanderjahre (2 Jahre wandern)
- Fruchtbringende Funktion des Außenhandels
- *Johann Heinrich Zincke* (1692-1768) Prof. für Ökonomie Leipzig
  o Professoren machen auch Dinge, ohne diese selbst studiert zu haben, was sie sich nach und nach aneignen (z.B. bei erstmaliger Einrichtung)
  o Beruf, der aus diesem Profil entsteht, das sind Querdenker gewesen → in Dtl. kleines Profil in diese Richtung → siehe Mechatroniker (Kopplung von 2 Berufen)
  o Reform des Lehrlingswesens = Kritik an den Zünften → Strukturen des Mittelalters reformieren und effektivieren → Zünfte nicht zerschlagen, aber reformieren
    ▪ Verkürzung der Lehrjahre → bei qualitativer Verbesserung der Ausbildung → Qualität beeinflussen über zentralisierte Prüfungsfragen & Niveau der Lehrpläne → Prüfung zertifiziert Qualität
    ▪ Welcher Meister darf ausbilden → fachliche und persönliche Eignung bei Meister nötig → wenn eine fehlt, darf er nicht ausbilden, kann Kompetenzen nicht durch andere kompensieren → keine 2/3 Kompetenz
    ▪ Was soll Inhalt der Gesellenprüfung sein: was muss ein Lehrling wissen, was soll er können? → Meistersöhne waren privilegiert: mussten bei Vater, wenn er Meister der Zunft war, keine Prüfung ablegen → genau schriftliche Festlegung des Inhaltes der Prüfungsordnung
  o Zincke (Hrsg.) Leipziger Sammlungen ab 1742
    ▪ Wahrscheinlich nicht alle Aufsätze von Zincke → Aufsätze sind anonym verfasst → Anonymität stiftet Unsicherheit → = Aufklärungsliteratur
    ▪ Zincke später Prof. am Collegium Carolinum Braunschweig → führte hier Leipziger Sammlungen fort
- *Kameralismus*
  o = Kombination unterschiedlicher Sachgebiete zu neuem Beruf
  o Verwalten = Sachkundigen Überblick haben + Sachkundigkeit + Rechtsgelehrtheit: Zunft-, Handels-, Staatsrecht (schützt vor Schaden)
  o Profil des Cameral-Beamten (Verwaltung, Jura, Handwerk, technologie, Forst- und Landwirtschaft, Statistik u.s.w.) → gibt kaum jemanden, der alles beherrscht

- o *Kameralwissenschaften* an den Universitäten (Halle, Frankfurt Oder, Greifswald, Gießen, Kaiserslautern, Bonn, Leipzig), zum Teil als eigenständige Fakultät

7. Vorlesung 28.05.2014

- letzte VL Ökonomie → mehrere Strömungen hervorgegangen, vier Ismen → Monetarismus (Geld) Physiokratismus (Landwirtschaft) Merkantilismus (Handel) Kameralismus (universell gebildete Beamte → Physiokratismus und Monetarismus)
- hier setzt Religion an
- geht um Aufklärung des Menschen, nicht um Entwicklung der Wirtschaft (Aufklärung durch Bildung und Wissen)
- Sozialisation des Menschen (Geld entscheidende Kategorie, nicht mehr das Geld → geht um Besitz, nicht um Menschen)
- Reformen, Lockerungen zur sittlichen Entwicklung des Menschen, haben nicht immer geklappt
- Katholische Kirche sieht in schändlicher Entwicklung Problem des Protestantismus
- Neue Orientierung im Christentum als Reaktion auf Probleme: Verbesserung/**Erweckung** eines neuen Menschen
- Menschen müssen Entwicklung wollen („über Nacht")
- kranke Gesellschaft, da immer weiter von Gott entfernt
- Lockerheit Luthers muss verschwinden, muss strenger werden
- Strömung heißt Pietismus

Beruf und Bildung in der pietistischen Pädagogik

Comenius (theologische Schriften, nicht in großer Didaktik)
  - ➢ Moral muss rein sein, muss Wächter darüber geben (Kirchenmänner)
  - ➢ 1796 Beginn
  - ➢ Wandel im äußeren Erscheinungsbild (Luther keine Perücke)
  - ➢ Farben in katholischer Kirche genau vorgegeben
  - ➢ Rückkehr zu äußeren Symbolen → Zeichen von Strenge und Regelung, Gleichschaltung
  - ➢ Inneren Anspruch auch nach außen tragen

Pädagogischer Realismus
        Merkantilistische Pädagogik
Comenius   **Pietetische Pädagogik** (Halle)
        Philanthropistische Pädagogik (Dessau)

Philipp Jakob Spener   **1635-1705**
  - ➢ Bewegung initiiert; kein Pädagoge, Pietist
  - ➢ Beschreibungen der Theologie, wenig der Mensch
  - ➢ Gefühlschristentum, wenig rational
  - ➢ Nur durch harte strenge Erziehung, Bildung kann Mensch ändern
  - ➢ Schule → pädagogischer Respekt
  - ➢ *Pia desideria – Herzliches Verlangen nach Besserung der Kirche* (1675) → Reformprogramm der lutherischen Kirche → prangerte Missstände in der Kirche und mangelnde Bibelkenntnis an
  - ➢ Deutscher lutherischer Theologe & Vertreter des Pietismus

August Hermann Francke   1663-1727

- Prof für Theologie Uni Halle
- Evangelischer Theologe, Pädagoge und Kirchenlieddichter
- Bildete Lehrer aus
- Einer der Hauptvertreter des Pietismus
- pietistische Gedanke ist bereits verteilt in Gesellschaft = somit kulturelles Erbe
- in Entwicklung gibt es Behauptung: Aufklärung beginnt mit Pietismus
- mangelhaft aufgeklärter Mensch nur unmündiges Urteil, gibt Weg zur mündigen Äußerung, durch Bildung (nicht nur durch Erziehung; Aufklärung nicht nur Frage einer guten Erziehung)
- Bildung ist damals zu großen Teil Wissen (über Welt, Gesellschaft, Menschen selbst)
- Lehrer muss Bildung ausstrahlen, sonst kann er nicht vermitteln
- Es sollte Moment eines Beginns geben, Moment der Konzentration
- Soziale Beziehung zwischen Schüler – Lehrer, hinsichtlich seelischer, geistiger Bedürftigkeit
- kann Kollegen überzeugen; politische Verbindung zur Obrigkeit; finanzielle Mittel; Visionär → war nötig bei Francke für Erfolg
- Voraussetzung: Gründung gutes Gymnasium (im Pietismus heißen diese Schulen Pädagogium = christliches, protestantisches Gymnasium; Jesuitenkollegium bei Katholiken)
- Erste Amtshandlung = Gründung solch eines Pädagogiums
- **1691 Prof. Theologie Unis Halle + Pastor in Glaucha** → Menschlichkeit als 2. Seite des Pädagogen, Hinwendung zur Seele des Einzelnen
- **1695 Gründung Armenschule, Waisenhaus und des Pädagogiums**
- **1697 Eröffnung Lateinschule** (steht unter Pädagogium) → alle Fächer in Latein unterrichtet ;)
- **1698 Gründung Apotheke; kommerzielle Herstellung von Arzneimitteln**
- am Anfang dem Geld entsagt, da man sonst Gott entsagt → ändert sich schnell, da ohne Geld keine Aufklärungsarbeit möglich ist, da keine Lehrer kommen (durch Geld kann man indirekt Lehrqualität beeinflussen)
- Hallescher Pietismus kommt auf Idee: Idee Lehre durch Arbeit erweitern, durch Produktion von Gegenständen
- Wandel des Unterrichts in Inhalt + Form; Experimentieren im Unterricht zum Experimentieren in Apotheke kein weiter Weg
- Missionsreligion: Reisen durch die Welt zur Ausbreitung Christentums
- Heute: Problem der Aufzwingung der westlichen Staatsführung (demokratischer Parlamentarismus)
- Mitbringel von Reisen → Bildungsgedanke: etwas über Natur, Gesellschaft und Menschen wissen → Problem Archivierung → Konservierung in Naturalienkammer
- **10.08.1698: erster Unterricht in Naturalienkammer** (Halle am Markt noch vorhanden) → beobachten, beschreiben, erklären, berechnen
- **1698 kurfürstliches Waisenhaus**
- Parallelität zum Kameralismus und Merkantilisus
- Straßen sollen rein bleiben (Merkantilismus)> Institution für Waisen, Armen und Kriminelle
- manchmal alle in eine Haus untergebracht
- Unterscheidung in Alimentierung (selbstverschuldete Armut oder Unglück → Kameralismus aus Nächstenliebe)
- **1699 Buchdruckerei und Buchhandlung** → angestellt auch Lehrlinge (Waisenkinder)
- **1699 Gynäceum = mittlere Mädchenschule**
- Neubewertung Frau durch Luther
- benötigt den aufgeklärten Menschen, nicht nur Mann → wenn Bildung, dann Bildung für alle
- gibt ab da private und staatliche Mädchenschulen (kaum Unterschiede zu Jungenschulen)

- ➤ diese Tatsache hat Gesellschaft verändert (sonst Angela Merkel heute keine Bundeskanzlerin)
- ➤ Männer hätten Frauen diese Position und Entwicklung nicht zugetraut
- ➤ Tendenz ist irreversibel! (Lehrerberuf war früher männlich)
- ➤ **1701 niedere Mädchenschule**
- ➤ wo bleiben Realien? Tauchen nur marginal an Lateinschule auf und am Anfang wenig im Pädagogium

1705 Christoph Semler: *Vorschläge für Mathematische Handwercks = Schule bey der Stadt Hall*

- ➤ = alles drin, was Naturwissenschaft umfasst (Realien); Gewerbe, Berufe = ähnlich der Realschule (hat berufsvorbereitenden Charakter; mehr als Pädagogium)
- ➤ Aufklärung nicht nur von Philosophen etc., sondern auch von kirchlichen Personen ermöglicht
- ➤ ist keine Pflichtschule, sondern Ergänzungsschule (vormittags in Volksschule und nachmittags in Realschule von Semler - Schulgeld) → große Schwierigkeit zu überleben → Leibniz hatte Aufgabe Schule zu begutachten und Schule einzuschätzen → Kurfürst lehnte Schule ab, trotz guten Gutachten durch Leibniz

1706 Gottfried Wilhelm Leibniz Befürwortung und Gutachten über die Handwercks=Schule

1709 Semler: Mathematisch-mechanische Realschule → es braucht für Neuerungen Aufklärer, Lehrer, Eltern, Meister

- ➤ Gab Projektunterricht (komplexe Betrachtung eines Sachverhaltes → Mechanik)
- ➤ Mathe und Mechanik gehen Fusion ein → brauchen sich gegenseitig

1738 Semler Mathematisch-mechanische und ökonomische Real=Schule

- ➤ = dritter Versuch solch einer Schule durch Hinzunahme eines dritten Faktors (Schule existierte nur ein Jahr, da er dann stirbt)
- ➤ ist Schande für Preußen, dass Schule nicht bestehen kann!
- ➤ in Pädagogik setzt sich meist nicht die erst beste Idee durch, dauert einige Zeit

Ideengeschichtlicher Vergleich von Merkantilismus und Pietismus

Sozialer Zustand	Armut und Betteln (moralisch: Ärgernis)	Armut (moralisch: religiöse Sittenlosigkeit, fehlende Strenge) Pietismus würde aus Nächstenliebe heraus armen Menschen helfen → nicht nur Geld, sondern auch auf sittlich moralischen Weg zurückführen
Reflexion	Reaktion des **Merkantilismus:**	Reaktion des **Pietismus:**
Ursachen:	Faulheit und Müßiggang sowie körperliche Gebrechen	Schlechte Erziehung und mangelnder Glaube (auch wegen mangelnder Moral der Pfarrer)
Faktoren:	Ökonomische Triebkräfte mobilisieren (= Geld)	Christlichen Glauben und Frömmigkeit mobilisieren (= Gott)
Träger:	Zwang durch den **Staat** (staatliche Pflicht zur Arbeit)	Zwang durch strenge **Kirche**
Realisierung:	Auf dem Feld der **Arbeit** und Wirtschaft	Auf dem Feld der **Arbeit** und Gemeinschaft
Ziel:	Verbesserung der Arbeitsamkeit des Menschen (Erhöhung des ökonomischen Gewinns)	Besserung des Menschen „Geburt des neuen Menschen" (Bekehrung)
Mittel:	Arbeits- und Zuchthaus, **Werck-**Schulen, (staatliche) Waisenhäuser Waisenhaus bringt eigene Pädagogik hervor	Schulen, Berufsausbildung, Unterricht in **Real**-Schulen, (kirchliche und staatliche) Waisenhäuser
Inhalte:	Handelswissenschaften, Kameralwissenschaften, Mechanik, Geometrie	Religion, Realien (Semler), Naturalienkabinette, Mechanik (in Berufsklassen, z.B. Hecker)
Methode:	Entwicklung des logischen Denkens (Leibniz 1706 → Aussage, dass Handwerker nicht fähig sind zum logischen Denken)	Naturbeobachtung, Beschreibung, Naturerklärung (Naturgeschichte im 18. Jh. = Pflanzenkunde, Tierkunde, Menschenkunde); wenn Curriculum abgeschlossen ist, folgen Chemie, Physik, Astronomie → basieren auf Wissen der höheren Mathematik; Physik & Chemie werden im Lehrplan Naturlehre genannt
Übungen	Methodus mechanica practica (Becher 1681) Methodik der praktischen Mechanik	Strenger Unterricht und Rekreationsübungen (Francke) → Francke beginnt früh immer mit kognitiv (Religion, Latein) an-

		spruchsvollen Fächern → Da Kreativität erlahmt, bedarf es Rekreation, also Entspannung → Pietismus hat mit seiner Religion und Strenge auch vieles bewirkt → man kann Dinge anwenden und perfektionieren
Lehrende	Mechaniker, Beamte, Lehrer, Kaufleute, Kameralprofessoren	Freie (Nichtzunft-)meister, Pfarrer, Lehrer, Professoren am Pädagogium und der Universität
Ergebnis	Allgemeine **Wohlfahrt**	Allgemeine **Wohlfahrt**

Nikolaus Ludwig Graf von Zinzendorf (1700-1760)

- siedelt sich als Grundeigentümer an in Herrnhut
- lutherisch-pietistischer Theologe
- errichtete Knabenschulen
- Zusammenhang zwischen Zinsendorf und Francke: Großmutter von Zinsendorf hat entschieden, dass er zu strenger Erziehung von Francke ans Pädagogium gehen soll nach Halle → hier im Sinne des Pietismus geprägt
- Zinsendorf will auch Schulen errichten in der Oberlausitz, die Francke errichtet hatte (Mädchenschule, Waisenhaus) → scheiterte
- Zinsendorf überwarf sich mit der sächsischen Krone → galt als Ketzer → musste Sachsen verlassen → mangelnde Toleranz des Königtums Sachsen
- Zinsendorf forderte für seine Gemeinde, dass Zunftsatzungen in Herrnhut außer Kraft gesetzt werden (z. B. wollte er, dass auch Juden Ausbildung machen können)
- Pietistische Bewegung wird mit Zinsendorf etwas europäisches
- Chor der ledigen Brüder, Chor der ledigen Schwestern → wohnen in getrennten Häusern, gehören zu einer Gemeinde, Zusammenleben eigentlich normal, aber Abends 22 Uhr werden Türen zugeschlossen → Erst nach Hochzeit Beischlaf
- Zinsendorf meinte, wenn man nicht arbeitet oder schläft, dann stirbt man → strenge sittliche Prinzipien
- Sittliche Prinzipien: Gemeinschaftsgeist, Liebe zu Gott und Strenge in der Erziehung, Disziplin
- Nahm Flüchtlinge auf → Asylpolitik
- Pietismus kann man aus Sicht eines Curriculums usw. anpacken

- Pietismus ist immer an Gemeinde gebunden
- Auf Luther geht Aufwertung der Rolle der Frau im Pietismus zurück → Bedeutung der Frau ist komplexes Phänomen: 1. Männer gehören dazu und müssen neues Rollenverständnis erwerben → 2. Frauen müssen sich eventuell durchsetzten → 3. Emanzipation der Frau erfordert Bildung
- Frauen errreichen nach und nach alle Bildungseinrichtungen → Männer schätzen es fortan mit gebildeter Frau verheiratet zu sein
- Zinzendorf hatte Vision ähnliche Schullandschaft wie in Halle in der Oberlausitz zu eröffnen, nicht in der Form gelungen (hat aber Waisenhäuser gegründet)
- Tatchristentum (nicht nur predigen und beten, sondern auch arbeiten und helfen)

1747 Hecker, Johann (Berlin) (Kollege von Francke)

- ➤ Kgl. Ökonomisch-mathematische Realschule; Klassen: mechanische, geometrische, Architektur- und Bauklasse, Naturalien- und physikalische Klasse; Manufakturen-, Kommerzien- und Handelsklasse, ökonomische Klasse sowie eine Kuriositätenklasse
- ➤ Groß angelegtes, breit profiliertes Schulkonzept in Berlin
- ➤ Erkennt neues Profil der Schule
- ➤ Mehrere berufl. orientierte Klassen
- ➤ Keine Berufsschule, sondern berufsvorbereitende allgemeinbildende Real-Schule
- ➤ Zur betrieblichen Ausbildung keine theoretische, hat aber Schritt in diese Richtung getan
- ➤ Nicht Idee des Gymnasiums o.ä. sondern die Erkenntnisüber bestimmte Kenntnisse, bestimmtes Wissen
- ➤ Fächerbezeichnungen: man wird vergeblich das Fach Biologie im 18. Jh. suchen → Fächer hießen im 18./19. Jh. Naturgeschichte (Zoologie & Botanik); Physik = Naturlehre
- ➤ Es war ein schwieriger Geburtsprozess mit den Fächern → man musste herausfinden, was für die Lernenden zumutbar ist → Transformation von abstrakten Theorien auf Niveau der SuS
- ➤ Realschulen hatten Semester
- ➤ Lehrer mussten Inhalte für SuS vereinfachen
- ➤ Bedeutung von Wissen und Bildung durch Aufklärung geprägt
- ➤ Realschuldirektoren haben sich getroffen und Ideen ausgetauscht

Philanthropistische Pädagogik

- Philanthropisten sind Gemeinschaft von Menschenfreunden
- Menschenfreund zu sein, ist leicht gesagt, wenn man das zu seinem Beruf macht, ist es schwerer Beruf → man braucht Geduld, Ausgeglichenheit.... → dies Tugenden soll Lehrer besitzen
- Phil. ist Wiederentdeckung des Kindes → schau in die Psyche des Kindes und du wirst wissen, wie du es erziehen musst → so weit ist Phil. noch nicht → Phil. weiß aber, dass Schulung des Gefühls, Sittlichkeit, Strenge im Kindesalter gelegt werden muss
- Diskussion über Strafe oder Nicht-Strafe

Philanthropismus (= Gesellschaft der Menschenfreunde)

Basedow, Johann Bernhard (Dessau) 1724-1790
- 1747 Philanthropin in Dessau
- Kinder sollen zu Ehrlichkeit, Ordnung und Fleiß erzogen werden → dafür entwickelt er öffentliches Belohnungssystem → positiver Effekt: Ln soll sich verbessern → negativer Effekt: um System zu installieren, benötigt man System, das glaubwürdig ist → Punktesystem ist etwas künstliches → System funktioniert nur, wenn SuS das Gefühl haben, dass sie gerecht beurteilt werden
- Derjenige, der nicht gelobt wird, wird indirekt ja doch bestraft
- Belohnungssystem ist mehr abgelehnt, als als positiv bewertet worden
- Lieblingsschüler bekamen extra Platz u.s.w. → dies erzeugte zusätzliche Konflikte unter den Gleichaltrigen → dem Musterschüler tut Belohnung gut, aber den Druck, von seinen Mitschülern deswegen gehänselt zu werden, hält er nicht aus
- Pädagogik ist Psychologie und bei den erwünschten Wirkungen gibt es immer unerwünschte Nebenwirkungen

Campe, Joachim Heinrich (Dessau, Braunschweig) 1746-1818
- 1783 „Theophron" = Der erfahrne Rathgeber für die unerfahrne Jugend
- Theophron: Es ist eine besondere Lebensform zwischen Vater und Sohn oder Onkel und Jugendlichem → jeden Abend setzen sich beide zusammen und der Ältere moralisiert wie man leben soll, damit man tugendhaft ist, welche Gefahren lauern → positiv: Kommunikation zw. Generation hat stattgefunden → negativ: Jugendlicher selbst kommt nicht zu Wort, muss alles über sich ergehen lassen → heutige Jugend würde damit gar nicht klar kommen → heute sprechen Erwachsene gart nicht mehr ohne einen negativen Anlass über solche Dinge, weil sie denken, dass wissen Kinder eh schon durch Medien → Gespräch zwischen Generationen muss wieder gelernt werden
- Erfahrung ist einseitig → anderem wird unterstellt, er hätte sie nicht → hier falsches Menschenbild → natürlich hat Jugendlicher auch Erfahrung
- Was macht Buch für BPäd. interessant? → hier nicht mehr Argumentation der Berufsidee mit Strafe Gottes → sondern es wird moralisiert → man soll von anderen geschätzt werden → s. Goethe: mache ein wertvolles Organ aus dir → nützliches Mitglied der Gesellschaft → es geht um Berufswahl → wie findet Jugendlicher eigentlich zu seinem Beruf → Frage sehr existenziell, wird aber häufig unterschätzt

Trapp, Ernst Christian (Dessau, Halle) 1745-1818
- Erstellte Lehrplan des Philanthropin mit 24 Fächern
- Zu Realien gehören auch neue Sprachen: Französisch, Englisch → dt. Adel des 18. Jh. hebt sich ab durch Französisch und Klärus durch Latein
- Berufsvorbereitende Inhalte für kaufmännische Richtungen → formale Bildung: kalkulieren können, Buchführung
- Trapp wir erster Prof. für Pädagogik in Dtl. an Uni Halle
- Theologisch philosophische Fakultät war Sitz der EZW
- Frage, ob Pädagogik eigene Fakultät verdient oder ob es nur angewandte Psychologie, Didaktik, Philosophie oder eigene Wissenschaft ist
- Erziehung und Bildung ist so kompliziert, dass es diese geben muss
- Professur von Trapp ist in Halle gescheitert → später hat Geschichte ihnen Recht gegeben (es braucht Wissenschaft, die in Begriffe, Theorien und Wissen einführt)

Salzmann, Christian Gotthilf (Schnepfenthal) 1744-1811
- Kollegen haben sich von ihm abgewandt → Ursachen dafür unklar
- Gründung Philanthropin in Schnepfenthal (heute Gymnasium)

- Menschenfreund = allgemeine Glückseligkeit → Schule und Bildung sollen Beitrag leisten zur Erreichung der Glückseligkeit
- Strömungen sind sich in Realien ähnlich gewesen, aber in der Psychologie kommt der Philanthropismus der heutigen Pädagogik am nächsten (eine am Kind orientierte Pädagogik stand hier im Fokus) → waren sich in Hilfswissenschaften nicht ähnlich
- Pietismus ist noch stark religiös verhaftet und gehört mehr zur Kirchengeschichte
- Merkantilismus gehört zur Wirtschaftsgeschichte
- Im Philanthropismus erstmalig Kinderbücher, Zeitschriften (Der Jugendfreund, Der Kinderfreund) → Robinson Crusoe
- Ruf des Philanthropismus ist größer als die Bedeutung der Schule in Dessau
- Lehrer: Erziehung zu Glückseligkeit verlangt entsprechende Lehrer; Lehrer waren Pfarrer, Philologen oder Philosophen
- → Entdeckung des Kindes ist auch die Entdeckung des Mädchens → Kinderbuch für Jungen muss anders geschrieben sein als für Mädchen → beide Geschlechter haben sich entweder immer weiter voneinander entfernt oder einander angenähert → frühere trennende Unterschiede wurden immer weniger → gibt es in der Kindheit überhaupt noch eine geschlechtsspezifische Erziehung → innerhalb der Berufswelt gibt es heute keine scharfe Trennung mehr zwischen Mann und Frau → Lehrer sind heute nicht mehr nur Männer → Emanzipation der Frauen am Ende des 18. Jhs. → viele fragen der Weiterentwicklung der Pädagogik zielen darauf ab, welches Selbstverständnis, Menschenbild, Berufsverständnis hat Lehrer/Erzieher?
- Plan zur Erziehung der Erzieher (In: Christian Gotthilf Salzmann: Ameisenbüchlein)
  - Gründung einer „Pflanzschule für Erzieher"
  - Ursprung des Begriffes Pflanzschule liegt bei Comenius → Lehrer als Gärtner
  - Ameisenbüchlein: In Tierreich eine Reihe von Faszinationen → Bei Ameisen offensichtliches Chaos, aber es gibt System → Bienen z.B. als Vorbild für Fleiß → Organisation ist alles → Organisation schwieriger, desto mehr beteiligt sind → Ameisen-/ Bienengleichnis
  - Regeln des Plans zur Erziehung der Erzieher:
    - 1. Sei gesund (körperliche Leistungsfähigkeit und geistige Gesundheit)
    - 2. Sei immer heiter
    - 3. Lerne mit Kindern zu sprechen und umzugehen (kindgemäße und altersgerechte Sprache) → heute bekannt als didaktische Reduktion
    - 4. Lerne dich mit Kindern zu beschäftigen
    - 5. Deutliche Kenntnisse der Natur (Natur ist große Lehrerin)
    - 6. Achtung vor der menschlichen Arbeit
      → Chodowiecki (Maler) → reproduzierte Arbeitsprozesse der Handwerker in Kupferstichen
      → geistige Arbeit lässt sich in Kupferstich schwerer darstellen, körperliche Arbeit dagegen leichter

Gutsmuths, Joh. Christoph Friedrich (Schnepfenthal) 1759-1839

➤ Anleitung zu mechanischen handwerklichen Übungen (nichts wirklich Neues)
➤ Revolution an philanthr. Schulen: neues Fach → Sport & Gymnastik in Form von Geräteturnen → Turngeräte wurden entlehnt aus Natur (Pferd war Pferd sehr ähnlich) → Turnunterricht war auch Pflicht für Mädchen
➤ Sinnesorgane sollten in abwechslungsreicher Weise angesprochen werden → mal etwas beobachten, mal zeichnen, mal sporteln

Gründer von Industrieschulen (Erziehung zur Industriosität)

➤ Industrieschule = industria lat. = Fleiß → Schulen zur Anerziehung des menschlichen Fleißes
➤ Aus den Schulen der Stupidität und der Faulheit müssen Schulen des Fleißes werden → Ersetzung durch Arbeitstätigkeiten → für Mädchen und Jungen und mit geringen finanziellem Aufwand → pädagogisch wertvolle Arbeitstätigkeiten → Arbeitstätigkeiten die persönlichkeitsfördernd sind (z.B. Projektarbeiten) → komplexe Arbeitstätigkeiten haben hier ihren Ursprung → Schulhaus, das über 2 Räume verfügt, bildet 2 Lernorte:1. Gruppe: Religion, Rechnen und Schreiben & 2. Gruppe: leicht machbare handwerkliche Tätigkeiten (Textilarbeiten: Weben, Stricken, Sticken, Klöppeln)
➤ Aufforderung zu bestimmter Lernweise
➤ Gründer:
  o Kindermann (1772 in Böhmen)
  o Wagemann, Gebrüder (1784 in Göttingen)
  o Salzmann (1784 in Schnepfenthal)
  o Lachmann (1802 in Braunschweig)
  o Pestalozzi (1798 Waisenhaus in Stans)

1. Vorlesung 22.10.2014

- von Buch Emil muss eigene Faszination ausgegangen sein
- Dt. Philosoph der Emil mit besonderer Begeisterung aufgenommen hat → Immanuel Kant (in Königsberg)
- **Immanuel Kant: „Was ist Aufklärung?" (1783)**
- Erste Stufe: ich weiß was Aufklärung ist (Gespür); zweite Stufe: Definition der Aufklärung
- In Preußen sollte Frage danach geklärt werden; daran beteiligt waren viele Philosophen, Lehrer etc.
- Berlinische Monatsschrift (Aufsätze zu Thematik zu finden) → ist inhaltlich eine Aufklärungsschrift
- Antwort auf dieses Preisausschreiben zu Frage: Was ist Aufklärung? auch von Moses Mendelson verfasst
- Kants und Mendelsons Artikel sind gleichwertig, allerdings haben sie sich nicht abgestimmt
- Männerfreundschaft zwischen Gelehrten ist normal zu dieser Zeit; fester Kreis von Gesprächspartnern, die gleichzeitig Kontrahenten waren
- in Philosophie kann ich meine Theorie nicht durch Experimente belegen, wie in der Wissenschaft, sondern durch die Resonanz des Publikums
- Hatte pietistische Gesinnung (in philosophischen Schriften jedoch nicht mehr zu erkennen); war Bibliothekar
- Aufklärung war eine epochen-, konfessions- und berufsübergreifend Bewegung
- Theologen, Lehrer, Gymnasialprofessoren, Philologen, Naturwissenschaftler, Ärzte befinden sich unter den Aufklärern
- Kampf gegen ein falsches Weltbild/ Aberglauben mit vorhandenem Wissen über Natur und Umwelt
- Aufklärung hat viele Charaktere
- ist ein sehr widersprüchlicher Prozess (auch in Psyche des Menschen)
- Bedenken: werde ich Menschen glücklicher machen, wenn ich sie aufkläre?
- alle, die mit ja geantwortet haben, haben sich für den schwereren Weg entschieden, da mit viel Arbeit verbunden ist, Bildung zu erlangen
- Alles hat Gegenwartsbezug, kann es auf unsere heutige Zeit übertragen
- **Ziel: Aufklärung ist der Ausgang des Menschen aus seiner selbstverschuldeten Unmündigkeit.**
- Jeder muss Entscheidung selber treffen; Eltern, Lehrer etc. helfen nur dabei
- Unmündig heißt, ich verlasse mich auf Mündigkeit eines anderen, sonst müsste ich mein Leben selber planen und gestalten
- in Ehe kristallisiert sich auch heraus, wer sich um was in der Beziehung kümmert; wechselseitige Unmündigkeit
- Nach Scheidung muss ich plötzlich alles selber machen → Überforderung bei manchen groß
- Heute ist es ein biografisches, kein historisches Problem → auf bestimmten Gebieten werden Kinder heute schneller mündig (z.B. kann selber über Taschengeld entscheiden)
- Lernt Mündigkeit an wichtigen Entscheidungssituationen (ist immer etwas schwieriges)
- selbstverschuldete Unmündigkeit ist dann gegeben, wenn ich Bildung z.B. nicht annehme → bin selbst schuld, dass ich nicht gelernt habe
- Von Unmündigkeit befreien hat etwas mit lebenslanger Bildung zu tun (Aberglaube hat mit Unmündigkeit zu tun)
- Bildung ist Anstrengung → Befreiung von U. ist Kampf gegen eigene Anstrengung
- **Weg: Habe den Mut, Dich Deines eigenen Verstandes zu bedienen.**
- Kluge Fragen zu stellen, haben etwas mit Charakter zu tun
- Wissen des Schülers erkennt man auch an gestellten Fragen, nicht nur über die gegebenen Antworten

- Wenn in Geschichte alle Angst vor unpopulären Fragen gehabt hätten, säßen wir jetzt noch in der Höhle (Charakterbildung des Menschen)
- **Verstand: Subsumtion von (ähnlichen Erscheinungen) unter einem Begriff.**
- Fähigkeit, wobei ich es mit Ähnlichkeit/ Unähnlichkeit zu tun habe
- Falsche Bezeichnung können existenzielle Folgen haben
- Begriffe müssen auf Reaktion abgestimmt sein → Kant nennt Verstand (Beginn von Bildung)
- **Vernunft: Subsumtion von Begriffen unter einer Idee (Syllogismus: logische Verknüpfung von Aussagen)**
- Vernunft setzt Verstand voraus; Vernunftschlüsse nur ziehen, wenn Begriffe oder Aussagen schon gebildet habe (wenn - dann); Vernunft ist die höhere Stufe des Denkens
- Wenn Merkmale dafür sorgen, dann bedeutet, dass das Merkmale zu bestimmten gehören und daraus ergeben sich Schlussfolgerungen, Aussagen etc.
- Syllogismus: beginne mit ALL-Aussage (alle Menschen sterben), zweite Prämisse fragt danach, ob das Wesen auch zu ersten Prämisse gehört, dann lautet zweite Prämisse: Sokrates ist ein Mensch
- Große Lehrerin der Aufklärung ist die Logik - zur Bildung gehört Erwerb der Fähigkeit des logischen Denkens
- Urteilskraft verwendet Kant neben Verstand und Vernunft
- Kraft zu haben bedeutet Fähigkeit zu besitzen! (Urteilsfähigkeit) → scheint mit Denken und Lernen zu tun zu haben
- Urteilsfähigkeit kennzeichnet den mündigen Menschen (muss Verantwortung übernehmen, einschätzen und dafür einstehen)
- Verstand befindet auf niedrigeren Stufen, Vernunft auf höherer; Urteilskraft=Mitte
- Kant entwickelt didaktischen Konzept in verschiedenen Stufen: 1. Zuordnung (Verstand) 2. Urteilsfähigkeit (etwas beurteilen) 3. Vernunft (formallogische Denken erst, wenn etwas verknüpfen kann, braucht Zeit, 6.-7. Klasse)

- **Schritte:**
  1. **Verstand: Ich kenne (n) Regeln für genau (n) Fälle.** (Setzt begrenzte Fälle für begrenzten Regeln voraus)
  2. **Urteilskraft: Ich muss aus (x) Regeln für (y) Fälle auswählen.** (Nicht so einfach, wie erste Stufe, ist diffus; muss schauen, was passt; urteile, was wozu passt; müssen für alle Fälle auch Regeln gegeben sein)
  3. **Vernunft: Ich muss für einen völlig neuen Fall (x) selbst eine Regel finden.** (Das ist das „wahre Leben"; völlig neue Situation mit der umgegangen werden muss; unbekannter Fall, der nicht im Lehrbuch steht)

- Verstand →Urteilskraft→ Vernunft
- ist Modell konzentrischer Kreise, wo sich Vernunft auf Verstand gründet
- man kennt Fälle und dazu entsprechende Regeln
- wie stellt man sich Entwicklungsstufen in 2. & 3. Ausbildungsjahr vor
- 1. Jahr: für Fall 1 gilt immer Regel a etc. → wenn so machen würde, wären die Lehrlinge unterfordert! Sind meist zum Ende des ersten AJ schon sehr selbstständig
- wenn Lehrling bspw. allein im Laden steht und Entscheidung treffen muss, benötigt Vernunft (kann diese E. eigentlich noch nicht treffen); vorzeitige Konfrontation stellt Herausforderung dar, ist aber schaffbar
- 3 Stufen sind aber nicht pauschal mit den Ausbildungsjahren Berufsausbildung gleichzusetzen → Stufen sind individuell und abhängig vom Beruf

- **Immanuel Kant (1724-1804)**
- **Moses Mendelssohn (1729-1786)** jüdischen Theologe und Philosoph
- **Vernunft haben, heißt logische Schlüsse ziehen (Kant)**
- manche Kinder schon im Vorschulalter dazu in der Lage einen Syllogismus herzuleiten (zwei Prämissen von letzter Woche)
- erste Prämisse: James ist ein Schotte.
- zweite Prämisse: Alle Schotten lügen.
- Folge = James lügt.
- Aussage hinzugefügt: James, ein Schotte, behauptet→ohne Vorsatz ist alles einfach, Syllogismus funktioniert, da beide Prämissen stimmen sowie Konklusion
- Der Vorsatz ist durch Selbstbezüglichkeit geprägt und daraus ergibt sich Problem
- Wir gehen davon aus, dass wir sagen, was wir wollen und nicht, was wir nicht wollen
- Die Lüge von einer Lüge, wäre dann ja wahr
- **Vernunft ohne Verstand ist nichts.**
- **Verstand ohne Vernunft ist wenigstens etwas. (Hegel)**
- kämpfe selbst gegen Oberflächlichkeit, wenn du dich deines Verstandes bedienen willst→ wenn das, dann das…
- **Kategorischer Imperativ (Kant):**
- **„Handel stets so, dass die Maxime deines Handels jederzeit zugleich als Prinzip einer allgemeinen Gesetzgebung gelten könnte."**
- Versteckte goldene Regeln (das füge keinem anderen zu) existiert in anderen Religionen auch
- Kategorisch= gilt immer, ohne Ausnahmen imperative= Aufforderungscharakter, richtet direkt an Menschen (Erwartungshaltung bei Sender)
- Ist notwendig, um Dinge logisch darzulegen
- Handlungsebene und Reflexionsebene – Maxime (ich fragen mich, warum ich so handle; Motive, Beweggründe)
- eigenes Handeln reflektieren→ erhöht Maxime, da ich Begründung für mein Handeln habe (Sicherheit und Richtigkeit eigenen Standpunkt dadurch erhöht)
- Prinzip kann aus Maxime verallgemeinert werden
- Gesetze= Grundlage für das Handeln aller

- Aufgabe: Formulieren Sie einen kategorischen Imperativ für den Lehrer!
- Unterrichte stets so, dass alle anderen Lehrer deine Kinder auch so unterrichten würden.
- Man muss sich selbst eigene Prinzipien schaffen, nicht lediglich auf höhere Instanzen hören

- Johann Gottlieb Fichte (geb. in Rammenau)
- fuhr nach Königsberg zu Kant = mutig, ihn zu fragen, ob er seinen Text lesen würde→ Text wurde durch Kant anonym verlegt (alle dachten, dass es Text von Kant war, aber dieser hat zugegeben, dass es Fichtes Text ist)
- a=a philosophische Identitätsrelation (eine Sache ist mit sich identisch)
- Ich=Ich (wenn ich das für mich in Anspruch nehmen, muss ich das auch den anderen zukommen lassen) → Menschen definieren sich neu
- Philosophische Bedeutung auch pädagogisch wichtig

3. Vorlesung 05.11.2014

- Kategorischer Imperativ hilft nicht, die rechte Moral zu finden → Bsp. Hitler
- Kategorischer Imperativ hilft dazu: du musst prüfen, ob du möchtest, dass sich auch alle anderen so verhalten Individuum → Gesellschaft / gleicht Gesellschaft mit Individuum ab Gesellschaft → Individuum
- Kategorischer Imperativ gilt für jegliches Handeln → auch pädagogisches Handeln
- **Fichte**: einziger großer Philosoph, der aus Sachsen stammt → 3 Sätze
  - o *1. Satz*: Ich = Ich (Ich bin mit mir selbst identisch, ich bin originär in meinen Wünschen, Stärken, Schwächen etc.) ("Das Ich *setzt sich selbst*, und *es ist*, vermöge dieses bloßen Setzens durchs sich selbst; und umgekehrt: Das Ich *ist*, und es *setzt* sein Sein, vermöge seines bloßen Seins. - Es ist zugleich das Handelnde, und das Produkt der Handlung; das Tätige, und das, was durch die Tätigkeit hervorgebracht wird; Handlung und Tat sind Eins und ebendasselbe; und daher ist das: *Ich bin* Ausdruck einer Tathandlung.")
  - o Wenn ich für mich etwas in Anspruch nehme, müssen es die anderen auch dürfen
  - o *2. Satz*: Ich bin nicht mit einem Nicht-Ich identisch (Nicht-Ich = Alles, was ich nicht bin) ("Es ist ursprünglich nichts gesetzt, als das Ich; und dieses nur ist schlechthin gesetzt. Demnach kann nur dem Ich schlechthin entgegengesetzt werden. Aber das dem Ich entgegengesetzte ist = *Nicht-Ich*. So gewiß das unbedingte Zugestehen der absoluten Gewißheit des Satzes: -A nicht = A unter den Tatsachen des empirischen Bewusstseins vorkommt: *so gewiß wird dem Ich schlechthin entgegengesetzt ein Nicht-Ich*)
  - o Relativierung des 1. und 2. Hauptsatzes mit dem 3.: In meinem Ich sind Elemente des Nicht-Ich
  - o Der dritte Grundsatz beschäftigt sich mit der gegenseitigen Limitation von Ich und Nicht-Ich. Diese Begrenzung findet nach Fichte wiederum im Ich selbst statt, weshalb man von einem subjektiven Idealismus spricht: *3. Satz*: Das Ich profitiert vom Nicht-Ich (Umwelt, Familie etc.) → ich wachse durch Nicht-Ich → ich wirke auf Nicht-Ich ein (Die Masse dessen, was unbedingt, und schlechthin gewiß ist, ist nunmehr erschöpft; und ich würde sie etwa in folgender Formel ausdrücken: *Ich setze im Ich dem teilbaren Ich ein teilbares Nicht-Ich entgegen.* Über diese Erkenntnis hinaus geht keine Philosophie; aber bis zu ihr zurückgehen soll jede gründliche Philosophie; und so wie sie es tut, wird sie Wissenschaftslehre."[)
  - o → Die drei Grundsätze Setzen, Entgegensetzen und Teilen entsprechen den Kategorien der Qualität (Realität, Negation und Limitation), die von Immanuel Kant in der Kritik der reinen Vernunft entwickelt werden.
- Klassizität der Sprache: 18. Jh. → Viele, die nicht lesen und schreiben können
- → an alle ist Bildung gerichtet in Aufklärung (Goethe Osterspaziergang: „Überall regt sich Bildung und Streben")

- **Fichte**: Kinder sollen an Arbeit herangeführt werden → für Arbeit Lob bekommen
- Man kann alles verlieren, aber handwerkliche Fähigkeiten nicht → soziales Kapital mehr Wert als finanzielles Kapital
- Fichte wurde erster Rektor einer Universität in Berlin
- Universität ist Gemeinschaft der Lehrlinge, Meister und Gesellen → Modell des Handwerks und der Zunft wird übertragen auf die Wissenschaft
- Dreistufenschema der landwirtschaftlichen Tätigkeit sollte genauso an der Universität sein, welches durchlaufen wird → ganzheitliche Bildung
- Bewunderung des Handwerks
- Mensch nicht nur geistiges Wesen, sondern auch körperliches Wesen → Entstehung der Gymnastik
- Kant → Ficht → Hegel: jeder lernte vom anderen
- **Hegel**:
  - 2 Bände Wissenschaft der Logik = philosophische Erkenntnistheorie → für Gymnasiasten geschrieben → jeder Schüler wurde mit Inhalten der Logik konfrontiert → Propädeutik = Vorbereitungsunterricht → bis 1932 gab es diesen Unterricht
  - 3 Bände Enzyklopädie
  - 2 Bände Ästhetik
  - 3 Bände Geschichte der Philosophie
  - 2 Bände Geschichte der Religion u.w.
  - Schwäche: Kritikpunkt der Naturwissenschaften an der Philosophie
- 2. Punkt der Aufklärung: Habe den Mut, dich deines eigenen Verstandes zu bedienen
- **Goethe**:
  - An Drama zwischen Mann und Frau werden die großen Themen abgehandelt
  - Drei Männer treffen sich und führen Gespräch → Wer hat den richtigen Gott? Wer hat den richtigen Glauben?
  - Goethe hat Kant und Fichte gelesen und ging mit Hegel spazieren
  - Der jüngere Hegel ist eigentlich der philosophische Lehrer von Goethe → Goethe hat sich Sprachstil von Hegel zu eigen gemacht
  - Goethe war Bildungspolitiker, Philosoph, Poet
  - Rudolph Steiner (Waldorfpädagogik) war Hrsg. der naturwiss. Bände von Goethe
  - Allem Denken, allem Tun muss das Handwerk vorausgehen, welches nur in der Beschränkung erworben wird / Nachsatz: Eines Rechtwissen gibt mehr Bildung als Vielwissen im Hundertfältigen → Handwerk als Gleichnis für Meister
  - Grundlagen müssen beherrscht werden, erst dann kann man sich mehr aneignen
  - Goethe hat Pädagogik mehr gegeben als mancher Pädagoge

- **Die Idee der Bildung im Zitat**
  - o Eines recht wissen, gibt höhere Bildung als Wissen im Hundertfältigen. Aller Kunst, aller Bildung muss das Handwerk vorausgehen, welches nur in der Beschränkung erworben wird. (Goethe: Wilhelm Meisters Lehr- und Wanderjahre)
    - → ich muss mich beschränken
    - → Halbwissen, Scheinwissen, Nichtwissen ist die große Gefahr
    - → lieber eine Sache gründlich machen, als vieles oberflächlich
    - → Handwerk ist nicht das Wort, sondern ein Gleichnis = es kommt auf elementares Können an, ich beherrsche Fähigkeiten und Fertigkeiten, bevor ich mich der Kunst und dem kognitiven widme (z.b. lesen, schreiben, rechnen = Elementares)
    - → wer elementare Dinge nicht beherrscht, wird sein ganzes Leben lang darüber stolpern
    - → sich zu beschränken wissen = positiv vs. beschränkt sein = negativ → Wo ist die Grenze?
    - → aus Makariens Archiv = fragmentarische Gedankenführung
    - → Wilhelm Meister beherrscht auch sein Handwerk
  - o Faust = Bildungsroman → Wer von beiden wird siegen über Faustus? Gott oder der Teufel? Der große Verführer = das Es, der liebe Gott = das Über-Ich und Faustus = Ich → würde man Mephisto entfernen aus Buch, würden wichtige Dialoge fehlen → Mephisto = Verführer → Was wäre Leben wert ohne Verführung?
  - o Gretchenfrage = Wie hältst du es mit der Religion?
  - o Aufklärung = immer auch Religionskrititk
  - o Religionskritik ist zu unterscheiden von Kirchenkritik → der Vatikan braucht zum Bsp. Kritik, aber Öffentlichkeit braucht auch Kritik des Vatikans (z.B. Schwangerschaftsabbruch)
  - o Mephisto ist überall, er ist immer da
  - o Ob Goethe psychoanalytisch so weit denken konnte, ist unklar → psychoanalytische Modellbildung beginnt aber weit eher als bei Freud
  - o Klassik: Goethe = Klassiker der deutschen Literatur → dies bringt es mit sich, dass andere im Schatten stehen bei solch epochalen Größen → Schiller zum Beispiel stand im Schatten Goethes → Fehler des Einzelnen ist ein Lehrbeispiel für die anderen = Worte Schillers → Man glaubt, man hat eine gefestigte Vorstellung, wer zu den Klassikern gehört → S u S melden sich dann, warum ist der und der kein Klassiker, der war doch auch schlau → Begriff Klassiker sorgt somit für Ausgrenzung → es gibt somit Persönlichkeiten, die übersehen wurden und durchaus auch zu Klassikern zählen könnten
- **Johann Heinrich Pestalozzi (1746-1827)** (vgl. Blankertz S. 104ff.)
  - o Kulturkreis: protestantische Religion
  - o Im Unterschied zu Comenius führt seine Pädagogik nicht zu Gott hin und kommt nicht von Gott
  - o Pestalozzi profitiert von Comenius und allen anderen Klassikern (Franke & Rousseau z.B.)
  - o Erziehung zur Arbeit und persönlichkeitsfördernde Wirkung der Arbeit
  - o Mensch muss begeistert sein von Pädagogik und muss es auch praktisch machen können
  - o P. war schlechter Praktiker
  - o 1770 „Der Neuhof" = Grundstück in Birr → Landwirtschaft, gescheitert = Ziel: Armenanstalt → 2 Waisenkinder standen vor P's Tür → damit Begann alles → Doppelfunktion der Arbeit = Erwirtschaftung & pädagogische Funktion → Arbeit muss persönlichkeitsfördernden Wert haben und Lehrer muss Arbeit auch vorführen können → in der Arbeit lernt man Selbstdisziplin und Ausdauer
  - o 1790 Text: „Verbindung der Volksschulen mit der Berufsbildung" = Verknüpfung in einem berufsvorbereitenden Lehrbuch = zwischen 2 Dingen, die parallel verlaufen, versucht er eine engc

6

Bindung herzustellen = heute als Lernortkooperation bekannt → berufliche Bildung (damals handwerkliche & landwirtschaftliche Ausbildung) wird damit → er fordert eine hauswirtschaftliche Bildung für Mädchen (Lehrbücher, aber keine Ausbildung mit Abschluss) → Frau muss in ihrem Tätigkeitsbereich auch Fähigkeiten und Fertigkeiten beherrschen und sogar Wissen → es gibt Arbeitsteilung, also gibt es auch Bildung für den Einen und Bildung für die frau → das Begriff *Berufsbildung* verwandt wird, ist für die damalige Zeit noch nicht typisch

o 1799 „Briefe aus Stans" (Waisenhaus in Stans) = Briefe an sich selbst → P. wird vorgeworfen, er hätte kein System gehabt → es ist bei ihm kein System der Naturwissenschaften oder der Tabellen → seine Systematisierung: Erfahrungen verdichten, Verallgemeinerungen nennen → „Wie Gertrud ihre Kinder lehrt" → Pädagogik in diesem Jahrhundert leidet unter kindlicher Darstellungsweise → P. war Lehrer und Didaktiker und muss daher heute in Pädagogik wiederentdeckt werden

o 1800 Schule in Burgdorf (1804 von der Regierung geräumt) → nach Waisenhausgründung echte Schule → P. war Direktor und Lehrer → Pädagogik tritt damit in den Alltag → Kinder müssen alles elementare lernen (still sitzen, Hygiene, lesen, schreiben, rechnen) → Besetzung durch Napoleon hat ihm geschadet → Schulschließung

o 1801 „Wie Gertrud ihre Kinder lehrt (Buch) → Frau hat andere pädagogische Sphäre zu bewältigen, die auch andere Pädagogik bedeutet → Das Haus ist eine andere Sphäre → Was in der Schule systematisch vermittelt wird, wird im Haus zufällig, sprunghaft vermittelt → wann erzieht die Mutter, wahrscheinlich aus einem Anlass, wenn Sohn z.B. etw. falsch gemacht hat (negativer Anlass) → in Schule kein negativer Anlass (Schule arbeitet propädeutisch) → Söhne werden ab bestimmtem Lebensalter gefälligst vom Vater erzogen

aus Buch: der Gang der Natur (s. Comenius) → das findet man bei P. → Entwicklungsphasen können nicht übersprungen werden → Lehre muss dem naturgemäßen Gang der Entwicklungsstufe entsprechen → P. Didaktik von Comenius im Blick → Der Weg zu den Dingen muss Anschaulichkeit sein, sodass Dinge leichter verstehbar sind (Prinzipien: leicht, schnell, auf angenehme Weise und nachhaltig) → Idee guter Lehrbücher bei P. und C. → Sprache = großer Schatz und Kulturgut

o 1804 Schloss Yverdon (Ifferten): Erziehungsinstitut: Pädagogik wird etwas majestätisches verliehen, da Pädagogik in angemessener Umgebung stattfindet = Wertschätzung durch Staat → Herr und Frau P. haben beide dort unterrichtet → Mädchen wurden außerhalb des Schlosses unterrichtet → Ifferten hatte solche Ausstrahlung auf ganz Europa, dass Lehrer, Professoren und Philosophen P. besucht und bei ihm hospitiert haben → lag wohl an Einmaligkeit (Schloss, in Schweiz, berühmter Theoretiker) → Favoriten von Pestalozzi = Pestalozzianer → sein Erbe wirkte lange Zeit nach seinem Tot fort → fast aller Vertrauten von P. wandten sich von ihm ab und Ifferten ging zu Grunde, da er kollegial irgendetwas falsch gemacht hätte (Alkohol?)

o 1807 Mädchen-Institut von Anna Pestalozzi Schulthess

o 1827 gest. in Birr

o **Theorie der Lebenskreise = kumulativ bzw. konzentrisch**
   ▪ A) Wohnstube   Stufe 1 (...)
      → kleinste Erziehung = Wohnstubenerziehung → Welt ist überschaubar und es gibt bestimmte Bezugspersonen → stabile Erziehung, aber sozialer Einfluss gering, kaum Fremdeinflüsse, je stabiler soziale Beziehungen, desto besser wird gelernt → Gefahr, dass Lernen erlahmt, daher müssen immer mal andere Einflüsse aufkommen, sonst keine Weiterentwicklung (soziales Lernen begrenzt)
   ▪ B) Beruf   Stufe 2 (...)

→ zweiter großer Schritt in Welt, anders strukturiert als Familie → Gibt zwar Bezugspersonen = Meister als Ersatz für Vater, aber Alltag, Aufgaben, Pflichten sind ganz anders → Rollenverständnis ändert sich → geht vom Lernort/sozialen Milieu aus

- C) Staat   Stufe 3 (...) → bürgerliche und religiöse Pflichten und Erwartungen → man ist Bürger eines Staates, welcher auch Lernort ist und wo es Pflichten zu erfüllen gibt → Unterschied zu A) = Staat ist etwas abstraktes für Menschen → Staat ist Bildungselement, Mensch muss gebildet werden → schlecht und gute Lehrer in der Politik

5. Vorlesung 26.11.2014

- Erst: Elementarbildung (geistig, sittlich, körperlich) → dann Standes- und Berufsbildung
- Theorie scheitert dadurch, dass sie logisch oder praktisch widerlegt wird → deswegen haben es heute alle schwer etwas Neues auszuprobieren, weil es ja schief gehen könnte
- **Johann Heinrich Pestalozzi (1746-1827)** (vgl. Blankertz S. 104ff.)
  - o Gedanke, wie strukturiere ich Bildungsgänge steckt bei Pestalozzi drin → deswegen erst allgemeine Menschenbildung (Elementarbildung) und auf dieser Grundlage Berufs- und Standesbildung → Humboldt war ja der Meinung, man dürfe Bildung nicht vermischen (Reinheitsgebot) → P. nennt manchmal noch ästhetische Bildung, aber an erster Stelle immer die Geistige (Intellektuelle, Kognitive) → sittliche Bildung (das Moralische, was leicht gesagt, aber schwer zu machen ist) → Es gibt bei P. eine Tendenz der Psychologisierung des Lehrens und Lernens (Psychologie weist der Pädagogik den Weg und die Methode) → guter Lehrer, der sich in Lehr- Lernpsychologie auskennt, ist der bessere Lehrer
  - o Vergleich Comenius und P. → Lernen muss bestimmten Regeln genügen → von Psychologie ist bei C. keine Rede → Methodik hat sich deutlich weiterentwickelt → bei P. Gott nur noch am Rande Thema (Gott ist wichtig, aber nicht mehr alleiniges Prinzip wie bei C.)
  - o Lehrer macht Lehre (früher) → neue Perspektive: wenn ich etwas auf Bild zeige, was passiert dann im Kopf (psychologische Komponente) → seit P. ist Psychologie auch Bestandteil des Lehrerstudiums → Das neben der Philosophie, der Theologie, der Didaktik auch die pädagogische Psychologie hinzukommt ist P. zu verdanken
  - o Bildung zur Industrie
  - o Säkularisation (Verweltlichung) des Schulwesens bei P. → darf man sich nicht zu einfach vorstellen, da es Angriff auf alte Traditionen ist
  - o der Gang der Natur (s. Comenius) → das findet man bei P. → Entwicklungsphasen können nicht übersprungen werden → Lehre muss dem naturgemäßen Gang der Entwicklungsstufe entsprechen → P. Didaktik von Comenius im Blick → Der Weg zu den Dingen muss Anschaulichkeit sein, sodass Dinge leichter verstehbar sind (Prinzipien: leicht, schnell, auf angenehme Weise und nachhaltig) → Idee guter *Lehrbücher* bei P. und C.
  - o *Sprache* (hier geht P. weiter als C.) = großer Schatz und Kulturgut → Sprache = Druckerschwärze des Gedankens → Rhetorik, Körpersprache → Sprachwelt: Welt des Betriebes und Welt der Schule / Sprache des Lehrers → man muss Sprache der SchülerInnen gut kennen → was ist verständlich für Lernende, was nicht → an mündlicher Sprache kann man nicht direkt, ständig etwas ändern, aber über Umweg der Schriftsprache kann man mündliche Sprache beeinflussen → Sprache = eines der wichtigsten Werkzeuge des Lehrens und Lernens → dt. Sprache zu Kultursprache entwickeln, dieser Gedanke beginnt bei Luther
  - o C. jeder Inhalt verlangt nach anderer Methode → s. Fachdidaktiken

- o **Theorie der Lebenskreise = kumulativ bzw. konzentrisch**
  - ▪ A) Wohnstube   Stufe 1 (...)
    → kleinste Erziehung = Wohnstubenerziehung → Welt ist überschaubar und es gibt bestimmte Bezugspersonen → stabile Erziehung, aber sozialer Einfluss gering, kaum Fremdeinflüsse, je stabiler soziale Beziehungen, desto besser wird gelernt → Gefahr, dass Lernen erlahmt, daher müssen immer mal andere Einflüsse aufkommen, sonst keine Weiterentwicklung (soziales Lernen begrenzt)
  - ▪ B) Beruf   Stufe 2 (...)
    → zweiter großer Schritt in Welt, anders strukturiert als Familie → Gibt zwar Bezugspersonen = Meister als Ersatz für Vater, aber Alltag, Aufgaben, Pflichten sind ganz anders → Rollenverständnis ändert sich → geht vom Lernort/sozialen Milieu aus
  - ▪ C) Staat   Stufe 3 (...) → bürgerliche und religiöse Pflichten und Erwartungen → man ist Bürger eines Staates, welcher auch Lernort ist und wo es Pflichten zu erfüllen gibt → Unterschied zu A) = Staat ist etwas abstraktes für Menschen → Staat ist Bildungselement, Mensch muss gebildet werden → schlecht und gute Lehrer in der Politik
- o Lebenskreise assoziieren bestimmte Geometrie
  - ▪ A) nichts abstraktes, typisches abgeschlossenes Milieu, mikrosoziologische Perspektive, eigene Psychostruktur (Mutter, Vater, Kind)
  - ▪ B) mesosoziologische Perspektive, eigene Psychostruktur
  - ▪ C) makrosoziologisch , bedarf Struktur und Beherrschbarkeit, abstrakte Psychostruktur
- o Theorie der Elementarbildung: Teil – Ganzes – Relation
  - ▪ A) Wort → Wörter werden zu Sätzen und Sätze zu Texten → man muss mit Kleinem beginnen → Wörter sind an konkrete Dinge gebunden → bei nennen eines Wortes ergibt sich sofort Assoziation
  - ▪ B) Zahl → auf eine Element Wert gelegt → Zahl führt Kind in völlig neues Reich, Reich der Abstraktion → Zahl ist abstrakt → mit nennen einer Zahl ergibt sich keine Assoziation → Zahl höheren Abstraktionsgrad als Wort → Beginn mit kleinem 1x1
  - ▪ C) geometrische Form → Aus Formen ist großes Ganzes baubar → leistete damit Vorarbeit für Fröbel
    → = kleinste Elemente / Atome eines Ganzen (bei Comenius nicht)
    → in ersten drei Jahren werden Grundelemente erlernt
    → mit Elementen beginnen, damit man Nachfolgendes beherrscht, um Sprache zu sprechen
- o Theorie des Lehrens und Lernens
  - ▪ A) mit Kopf mit Verstand   → geistiges Lernen, ich verfüge über Begriffe, subsumieren von Dingen zu Begriffen
  - ▪ B) mit Herz mit Gefühl   → mit Verständnis
  - ▪ C) mit Hand   → mit praktischer Erfahrung

6. Vorlesung 03.12.2014

- Theorie des Lehrens und Lernens Pestalozzi
  - o in moderner Psychologie kommt Herz nicht vor und Hand nur am Rande → wenn nur Kopf statt-findet, was ist mit Herz und Hand
  - o P. meint, dass immer alles da ist
  - o In beruflicher Bildung manuelle und kognitive Fähigkeiten gleich wichtig
  - o Info, die ich vermittle (geistig i.f. einer Aussage) und mit Händen (muss dazu nicht immer etwas sagen)
  - o Herz ist Störschwein in ganzer Pädagogik → Herz = hilfreich für Motivation → Herz kann stö-ren, wenn man es übertreibt und Grenze nicht kennt → Herz spielt bei bestimmten Lernenden größere Rolle als bei anderen (bei denen z.B., die langsamer Lernen z.B. behinderte M.) → diese benötigen zusätzlich eine stärkere emotionale Zuwendung (die, die mit Herz dabei sind) → P. hat wohl in seiner Pädagogik genau an diese Schüler gedacht
  - o Ziel der Pädagogik bleibt es, selbstständigen Menschen zu erziehen → du kannst bleiben, so lan-ge du Kind bist, wenn du Beruf hast, ist es besser, das Elternhaus zu verlassen → man gründet selbst Familie → Bindung ist bis zu bestimmten Grade in Pädagogik hilfreich, aber Fähigkeit auch loszulassen, ist ebenso wichtig
  - o Alle drei Instanzen immer mal anwesend → eine dominiert immer → stärkere Instanz ist wohl der Kopf
  - o P. → hinter seiner Theorie steht Konzept des Lehrens und Lernens
- **1790** Pestalozzi: Vorschlag einer ländlichen ecole polytechnique
  - o Ursprung in Frankreich
  - o Polytechnisch hat immer zu Spekulationen geführt, was Franzosen damit meinten = Wortneu-schöpfung → Wort poly + techne = viele Techniken beherrschen → man ist nicht auf allen Ge-bieten gleichmäßig Weltmeister, aber man hat alles einmal ausprobiert, wurde an verschiedene Dinge herangeführt → polytechnisch = vielseitige Bildung → man kann alles, aber nicht richtig → Sieger auf Arbeitsmarkt ist immer Spezialbildung
- **1794** Gründung der Ecole Polytechnique zu Paris
  - o = Hochschule
  - o hier lehrten dieselben Professoren, die auch an der Sorbonne gelehrt haben
  - o 4-5 Hochschullehrer
  - o mit Geld wird Qualität beeinflusst → auch an der Hochschule
  - o Gay-Lussac → Professoe (Gasgesetze) kann sowohl VL in Physik als auch in Chemie halten
  - o Später wurde ecole polytechnique zur Ausbildungsstätte von Politikern und Diplomaten
  - o Ende starke militärische Ausbildung (Napoleon)
  - o Monge (deskriptive Geometrie) → Geometrie ist Sprache des Ingenieurs
  - o Welche Fähigkeiten werden durch das Üben von Zeichnen geschult → Exaktheit, Geduld, Aus-dauer, räumliches Vorstellungsvermögen → alles nichts wert, wenn man nicht abstraktes Vor-stellungsvermögen besitzt
  - o 1794 Gründung Krankenhaushochschule in Frankreich Ecole de Sante Paris
  - o Darstellung des Menschen in seiner beruflichen Arbeit → Berufsenzyklopädie → fast alle Berufe sind dargestellt → französische Enzyklopädie → viele Nachahmer
  - o Französische Kultur drängt danach, dass Wissen in Hochschulen, Gymnasien und Realschulen vermittelt wird
  - o Fundierung allen Wissens mit höherer Mathematik
- **1825** Polytechnische Schule Karlsruhe
- **1828** Polytechnische Zentralschule München

- **1850** Polytechnikum Dresden
- → Konflikt Dtl. mit Frkr. → wie konnte Konzept hier eingeführt werden? → Studenten wurden hingeschickt und kundschafteten aus → Professoren mussten nach Studium und Promotion in Paris studieren (bei Gay) → Geist, der in Frankreich entstand breitete sich über ganz Europa aus → erst nach und nach entwickeln sich Schulen auch an Uni Berlin / Dresden / Karlsruhe → durch Ausatusch von Studenten verbreitet sich der neue Geist und auch der Laborunterricht = neue Vorlesungen = Experiment, nicht mehr Monolog
- **1821** Berlin
- **Königreich Bayern**
  - o 1825 Polytechnische Zentralschule München, heute TU München
  - o Polytechnische Schulen in Nürnberg, Augsburg, Würzburg

7. Vorlesung 10.12.2014

- **1806 Pestalozzi Ecole polytechnique** in Schweiz; nicht nur in großen Städten
- Konzept nicht nur für technische, sondern auch für landwirtschaftliche Berufe
- Verbindung von Industrie, Handwerk, Hauswirtschaft und Landwirtschaft → jeder sollte von jedem Bereich etwas wissen, soll als Berufsvorbereitung gelten
- Industrie für Mädchen: Stricken, Sticken, Klöppel, Weben, Nähen etc. → haben auch erzieherischen Sinn (Zuverlässigkeit, Fleiß), Transferwissen
- Betrifft universelles Erziehungskonzept = polytechnisch
- Nähe Schweiz zu Frankreich hat P. gehört, dass 1794 in Paris E. polytechnique gegründet wurde
- Rangt Mythos → wird überbewertet; wäre erste auf technische Schule auf Hochschulniveau, das war aber vorher Bergmannsakademie Freiberg
- E. p. ist militärische Elite (beste Offiziere für beste Armee Frankreichs) Militär ist meist Trittkraft
  - o Ingenieurtechnische Elite: Bereich Artillerie
  - o Anspruchsvolle mathematische Bereiche
  - o Politische Elite (Napoleon o.ä. festigt politische Macht)
  - o Es entsteht akademische Elite, da nach den besten Professoren verlangt wird (z.B. Sorbonne)
  - o Geht hierbei um die Voraussetzungen und Gegebenheiten an E.p. in Paris
  - o Physik, Mathe und technische Umsetzungen greifen hier ineinander
  - o Dadurch wird reine Naturwissenschaft auf Technik gelenkt
  - o Ingenieure vereint diese ganzen Elemente in sich (rechnen, entwickeln & bauen)
- An Uni werden Ingenieure nicht von Ingenieuren ausgebildet, sondern von vielen verschiedenen Fakultäten; Lehrer auch nicht von Lehrern
- Entwicklung des Curriculum wurde geschaut, was für Ausbildung wichtig wäre; je nach Spezialisierung entwickelt sich auch der Lehrplan
- Hohen Preis, um an dieser Schule unterrichtet werden zu dürfen (& Uhr aufstehen, 22 Uhr Bettruhe, Internat etc.)
- Heutzutage ist diese Art der Schule schwierig; der ganze Tag ist vorstrukturiert, alles ist vorgeplant und das kann die Entwicklung der Persönlichkeit behindern; Unselbstständigkeit ist hier möglich; gibt aber zur Elitenausbildung heute immer noch die geplante und durchstrukturierte Ausbildung
- Verführung ist im selbstgeplanten Leben sehr groß; diese Entscheidung wird dir im Internat abgenommen
- Von Paris geht der Weg verzögert durch Napoleonische Kriege durch ganz Europa

- Hat sich durchgerungen ähnliche Modelle zu entwickeln, da Industrialisierung steht vor Tür, weniger militärisch organisiert
- Österreich, Prag, dann auch nach Preußen
- **1821 Preußen – Berlin**: Peter Wilhelm Beuth (Direktor ersten technischen Institut)
- Daraus wurde Technische Hochschule Berlin (ca. 1880)
- Parallele Entwicklung in Bayern: Polytechnisches Institut München **1828**, Nürnberg, Augsburg
- Benötigt Zubringerschulen (Voraussetzungen dort erlernen)
- Bayern engmaschiges Netz entwickelt von Landwirtschafts- und Gewerbeschulen
- Die, die Ingenieure werden wollen studieren in Nürnberg und München
- Landwirtschaftliche Schulen: Kampf gegen Hungersnöte →Entwicklung einer verbesserten LW
- Bauer hat eigentlich keine Zeit für Schule; macht es dann nur in Wintermonaten, wo Bauern eh nicht so viel mehr zu tun haben
- Schulen fanden oft nur im Winter in den Abendstunden statt
- Wo bekommt man die Lehrer her? Hat zwar Schulen, aber benötigt Personal
- Polytechnische Zentralschule München; heute: Technische Universität München
- Beweis, Gedanke war richtig, Schulen haben sich profiliert und sind bis heute vorhanden
- **1825 Polytechnische Schule Karlsruhe**
- Zubringerschulen auch in Provinzen Preußens; entsteht ein Schulnetz; vergleichbar mit Bayern
- Dresden, München und Berlin von TH zu TU erhoben
- **1828 Gründung der technischen Bildungsanstalt in Dresden**
- Preußen hatte größere Ressourcen, auch akademische, als Sachsen
- DD: unterrichtet in Mechanik, Zeichnen, Mathematik, keine Naturwissenschaften; begann mit 20 Schüler/innen; teilweise nebenbei Handwerk gelernt
- Anfangsjahre sehr schwierig gewesen; es fehlte stark an Geld (so würde auch akademische Niveau ansteigen, bessere Lehrer beschäftigen)
- Sammelte sich Professoren zusammen (u.a. von Medizinischen Fakultät)
- Sollte sich zu Bautechnische Anstalt weiterentwickeln (Direktor Lohrmann)
- Höhere Realbildung als Voraussetzung
- Erst als technische Hochschule wird=Gleichstellung mit Universitäten→benötigt Latein Lh und Ln ??Aber warum benötigt man Latein??
- Austausch von Erfahrungen und Entdeckungen → viele Professoren in Sachsen haben damals an Pariser Unis geforscht und gelernt
- Zweckmäßiger Unterricht für Handwerker, Fabrikaten und Künstler zur Erhöhung Geschicklichkeit und Vervollkommnung
- Unterricht in drei Abteilungen
  - A) Handwerker und Mechaniker in Verbindung mit vollständigen theoretischen Unterricht (Methoden-, Sach-, Medienkompetenz)
  - B) Vollständiger theoretischer Unterricht für künftige Fabrikherren, Künstler
  - C) praktischer-theoretischer Anleitung für Gesellen, Meister, Fabrikaufseher über verschiedene Tätigkeiten in allen nötigen Gewerben

- **1855 Abt. für Lehrer der Naturwissenschaften du Technik am Polytechnikum Dresden** (jetzt ist es mal wieder Polytechnikum; geht hin und her)
- Lehrermangel; einzigen kommen am Anfang nur von Uni in Leipzig
- Danach dann auch DD in Absprache mit Leipzig
- Realschullehrer für Naturwissenschaften kommen dann auch aus DD
- Ausbildung für technische Lehrer zuerst in DD 1855
- **1873 Einführung der Fortbildungsschulpflicht für Lehrlinge in Sachsen**
- Pflicht für berufsbegleitenden Unterricht für alle Handwerk- und Kaufmannslehrlinge
- Benötigt wieder Lehrer für 1000 von Lehrlingen in beruflich-orientierten Berufen; Übernommen haben das Volksschullehrer = erste Berufsschule, da nur für Lehrlinge gedacht, im Anschluss an Volksbildung
- Konsequenzen für Wirtschaft → muss Lehrling für Schule freistellen; muss viele Instanzen von dieser Idee zu überzeugen und benötigte Gesetz dafür, welches auch durchgesetzt werden muss
- Wenn nicht nur lesen, schreiben, rechnen vermitteln will, sondern auch gewerbliches Wissen, benötige ich entsprechendes Personal
- **1920 Umwandlung der Fortbildungsschulen in Berufsschulen**: nur noch berufliche Fächer, die es heute noch gibt; benötige wieder neue Lehrer; Kampf um Unterrichtsstunden beginnt; Deutsch und Rechnen bei manchen auch noch nötig in Form von Nachhilfe
- **1924 Gründung des Pädagogischen Instituts an TH Dresden**
  - Zunächst nur zwei Professuren, dann werden immer mehr
  - Daraus entstand auch unsere heutige pädagogische Fakultät

Marx kommt nicht in der Klausur dran (also 8. Vorlesung nicht)

- Im 19. Jh. und bis heute gab es immer Dumpinglöhne
- Wenn der Meister Wissen vermittelt, schuldet ihm Lehrling Leistung → Meister überlegt genau, welches Wissen und welche Erfahrungen er weitergibt → oftmals hält er vielleicht auch Wissen zurück → Bsp. Gegenwart: Kundendatenklau durch Azubi, die nach Ausbildung eigenes Geschäft eröffnet hat → Ausbildung bedeutet auch, ich erziehe meine eigene Konkurrenz → dieses Problem wurde in Berufspädagogik noch nie diskutiert
- **1790 Adolph Diesterweg in Siegen geboren** (Comenius 17Jh., Pestalozzi 18. Jh., Diesterweg 19. Jh.)
  - o   war Pestalozzianer und 3. größter Pädagoge, neben C. und P.
  - o   Diesterweg wurde zu DDR Zeiten größere Aufmerksamkeit gewidmet als in Bundesrepublik
  - o   DDR hat immer alles politisiert, auch den Umgang mit der Geschichte → man wollte aus klassischen Pädagogen Revolutionäre machen
  - o   Soziale Stellung der Lehrer war so schlecht, dass sie z.B. noch Landwirtschaft betreiben mussten (18./19. Jh.)
  - o   Gegen geringe soziale Stellung musste etwas unternommen werden: Interessenvertreter der Rechte der Lehrer: Lehrervereine / Lehrerverbände → gegenwärtige günstige tarifliche Einstellungen finden ihren Ursprung in der Mitte des 19. Jh. und auch bei Diesterweg
  - o   **Bis 1808** Besuch der Lateinschule in Siegen
  - o   **Bis 1810** Studium Mathematik und Nawi in Herborn, Heidelberg, Tübingen → Diesterweg ist begeisterter Mathematiker und Naturwissenschaftler
  - o   **1811** Hauslehrer in Mannheim → Schüler kann Lehrer nicht ausweichen → Risiko, das mit dieser Pädagogik verbunden ist, ist immer hoch → in Literatur sind Hauslehrer immer komische Gestalten → an Stelle des Hauslehrer ist Fachlehrer getreten → Fachlehrer ist spezialisiert
  - o   **1812** Lehrer am Lehrerseminar in Worms (Mathematik, Geometrie)
  - o   **1813-18** Lehrer am Gymnasium in FF a. M. → dort Lehrer des späteren Chemikers Friedrich Wöhler
  - o   **1817** Zusammen mit dem Gymnasialprofessor Poppe (Physik) und späterem Technologieprofessor Gründung einer Sonntagsschule für Handwerker in FF → Wollten etwas tun für Handwerker → es gab bis dato nur Polytechnische Schulen → man wollte eine Schule für Handwerker → Sonntagsschule → Schule nach der Kirche und zunächst Sonntags → Das ist auch die Geburtsstätte der Erwachsenenpädagogik, denn auf Schulbank saßen Gesellen/Lehrlinge und Meister → Bildungsstreben, so wie es Goethe formuliert hat → auch im Handwerkerstaat regt sich Bildung → man brauchte Gebäude und Lehrer → finanzielles Problem → war keine Pflichtschule
  - o   **1818-20** Lehrer an der Lateinschule in Elberfeld
  - o   **1820-1832** Direktor des Lehrerseminars im Moers → Lehrerbildung nach wie vor konfessionell gebunden
  - o   **1832-47** Direktor des Kgl. Lehrerseminars in Berlin, 1847 wegen politischer Betätigung entlassen → fördert Wissenschaftlichkeit in Lehrerbildung → politische Betätigung für Interessen der Lehrer führte zu Entlassung (führte wahrscheinlich dazu, dass Sozialismus ihn chauffierte)
  - o   **1835** „Wegweiser für Lehrer" – Ein Regelwerk (400 Seiten) → Irgendwann hat man als Lehrer einen Schatz an Erfahrungen, von dem es schade wäre, wenn er verloren ginge → Es entsteht neue Pädagogik, die aus eigener Erfahrung aus Alltag erwächst (nicht aus Theorie) → Wegweiser für Lehrer unabhängig von Fächern → allgemeingültig → ich will euch die Fehler ersparen, die mir passiert sind (Gedanken Diesterwegs) → du musst von dem, was du darbietest überzeugt

sein → Thema: Begabte und Unbegabte Schüler → begabter Schüler braucht eigentlich keine Lehrer und ist motiviert → Gegenüber Pestalozzi und anderen ist es der Versuch die Psychologie mit in das System zu integrieren! (Psychologie des Lehrens und Lernens)
- o **1850** 4. Auflage „Wegweiser für deutsche Lehrer" sowie zahlreiche fachdidaktische Schriften → Lehrer, der gewisse politische Identität in seiner Zeit hat, wird immer wieder vor Entscheidungen stehen → 2 verschiedene Psychologien im 19. Jh. (im Unterricht und in der Gesellschaft) → Lehrer braucht Erkenntniswegstrukturen, um Schüler ans Ziel zu bringen → Allg. Pädagogik und Lernpsychologie finden Eingang in Fachdidaktiken
- o **1858-66** Abgeordneter im preußischen Landtag
- o **1866** gestorben in Berlin

10. Vorlesung – 14.01.2014

- **Wegweiser für deutsche Lehrer** → unterrichte mit Kraft (Inhalt interessant, Sprache muss Energie ausstrahlen, Körpersprache muss dahinter ste)hen → Engagement des Lehrers → jeder ein Naturforscher (auf 19. Jh. bezogen = naturwissenschaftliches Jh.) → Lehrer als Naturforscher im 19. Jh. hatte es leichter → SuS waren interessiert und motiviert und fanden Inhalte wichtig → Lehrer als Naturforscher soll beobachten, experimentieren aufgeschlossen sein und davon berichten → logische Erkenntniswegstrukturen (deduktiv + induktiv) nutzen, um Lernenden Inhalte nahe zu bringen → Lehrerbildung wird zu didaktischer Herausforderung (Sattelfest in Inhalten und adäquater Didaktik sein)
- **Georg Kerschensteiner (1854-1932)** → kam aus Bayern
  - o War originäre Persönlichkeit
  - o War repräsentativ für Bayern und setzte sich für Bildung ein
  - o Preußen war größtes Kgr. innerhalb des dt. Reiches → von Preußen gingen viele Anregungen aus → Bayern spielt bis heute Sonderrolle → geringste Arbeitslosigkeit → größte Steuereinnahmen und Bürgereinlagen und guter Platz in PISA Studie → von 5 Eliteuniversitäten waren 2 in München
  - o Vater der Berufsschule → gründete in Bayern Berufsschulen, unterstütze diese finanziell und hatte damit Einfluss auf ganz Dtl. → zunächst Gymnasiallehrer (Mathematik, Physik) → gerade bei dieser Fächerkombination achtet Lehrer auf Niveau der Bildung
  - o Direktor einer Münchner Berufsschule (frühere Berufsschulen waren allgemeine Fortbildungsschulen) → Fortbildungsschulpflicht nach der 8. Klasse wurde in allen Ländern des dt. Reiches gesetzlich festgelegt und zur Pflicht gemacht → FBS musste parallel zur handwerklichen Ausbildung besucht werden → SuS waren gelangweilt und Lehrer waren nicht qualifiziert (Pfarrer, Gymnasiallehrer) → Was kann man tun, um SuS zu motivieren? → Kerschensteiner: Am Egoismus der Lernenden anpacken → für etwas, was mir nutzt werde ich eher motiviert sein → Hilft mir Berufsschule zur Erreichung des Lebensziels? → Schule muss sich Interessen der Lernenden richten → FBS wird mehr akzeptiert, wenn sie berufliche Inhalte integriert (Bezug Unterrichtspraxis zu Lebenspraxis als motivierendes Element) → Für allgemeine Schule reicht Lehrer der Volksschule oder Gymnasialschule, aber für Berufsschule brauche ich professionelle Lehrer, die Beruf gelernt oder studiert haben → Wie komme ich zu Lehrern, die ich nicht habe? → 2 Paradigmen: 1. So anspruchsvolle Inhalte, dass ein solcher Lehrer nur an Uni oder technischer Hochschule ausgebildet werden kann 2. Lehrer muss Beruf gelernt haben → fiktives Profil eines Berufsschullehrers kaum erfüllbar (Praktiker oder Theoretiker) → Streit geht bis in 20er Jahre und wird durch Nazis entschieden: Gewerbelehrer werden an technischen Hochschulen ausgebildet → berufspädagogische Hochschule = Idee: Institut, wo nur Berufsschullehrer, Wirtschaftspädagogen ausgebildet werden → keine

universitäre Ausbildung, aber keine Doppelbelegung an Seminaren, wie an der Uni → nach und nach kommt man zu Lösungen und Gewerbelehrerstudiengänge etablieren sich nach 1. WK an der Hochschule, später auch Lehrerinnen für Hauswirtschaft → Warum braucht Lehrling, der technischen Beruf lernt auch theoretischen Unterricht? → bis zu gewisser Zeit konnte auch ohne Theorie Beruf ausgeübt werden → Theorie und Praxis war für Berufsschule immer Konfliktthema → Kerschensteiner war guter Theoretiker und Praktiker

o Stadtschulrat von München
o Honorarprofessor an der Universität München → leitete Berufsschule und war zeitgleich Professor → sinnvolle Kombi, da Theorie und Praxis nah beieinander liegen
o 1920 Reichsschulkonferenz: Beschluss „Berufsschule" → alle anderen Bezeichnungen Gewerbeschule z.b. gibt es nicht mehr → Kerschenstein war Initiator, deswegen Vater der Berufsschule → in München entstehen 1. Hauswirtschaftliche Schulen
o Theorien/konzeptionelle Ansätze von Kerschensteiner
  ▪ 1. Lückentheorie (Gewinner eines Preisausschreibens) → Lücke in der staatlichen Erziehung → neben beruflicher Orientierung hat Schule von K. zweite Funktion, BBS soll auch politische Funktion im dt. Reich einnehmen → politische Fkt. heißt, du bist nicht nur Berufsmensch, sondern auch Bürger des Staates → Staatsbürgerkunde als neues Fach → Preisausschreiben: Lücke zwischen staatlicher Erziehung ins Volksschule und Armee → Kerschensteiner beteiligte sich und schlug Staatsbürgerkunde vor und gewann
  ▪ 2. Neues Fach: Staatsbürgerkunde → Inhalte (Gesetzeskunde, Wahlrecht, Landesgeschichte) Problem: dafür keine Fachlehrer = Lösung: zentrale WB-Ferienkurse für Lehrer
  ▪ 3. Umwandlung von reinen allgemeinen Fortbildungsschulen in Berufsschulen
  ▪ 4. Tagesunterricht anstelle von Abendunterricht
  ▪ 5. Menschenbild: Erziehung des Berufsmenschen, Kulturmenschen und Staatsbürgers
  ▪ 6. Minimum-Maximum-These → Ansatz einleuchtend, Konsequenz falsch → These: Konzept der Berufsschule: Minimum an Wissen genügt, Maximum an Können ist entscheidend → Schwierigkeit: Minimum und Maximum zu bestimmen → K. sagt: Minimum reicht → Proportionen können sich in Fächern verschieben (50/50; 60/40) → Begründung von K.: Da Großteil der Menschen, eher praktisch begabt ist, ist das mit der Theorie eh sinnlos → die, die theoretisch begabt sind, können ja studieren
  ▪ 7. „Die Berufsbildung steht an der Pforte zur Menschenbildung" → Pforte heißt zuvor → ich muss vorher Vorleistung erbracht haben, um Pforte zu beschreiten zur Menschenbildung → strenge persönlichkeitsfördernde Berufsausbildung (Kardinaltugenden: Zuverlässigkeit, Ordnung, Exaktheit, Ausdauer, Geduld, Sauberkeit, Höflichkeit, sich unterzuordnen) → erst mit Tugenden kann ich Pforte durchschreiten
  ▪ 8. Prinzip der Arbeitsschule (keine Schulart, sondern Prinzip) → alte Methodik Bücher abgeschrieben und auswendig gelernt u.s.w. → an Stelle dieser Methodik der Buschschulen sollen Arbeitsschulen treten (Achtung: keine Schulart, sondern Schulprinzip) → Volksschule und Berufsschule muss zur Arbeitsschule gestaltet werden → Projektlernen, selber machen → hoher organisatorischer Aufwand für Lehrkraft

• Die Neubestimmung des Verhältnisses von Bildung und Beruf durch die Berufsbildungstheorie steht im engen Zusammenhang mit der bereits oben angesprochenen Entwicklung der Fortbildungsschule zur Berufsschule (vgl. Blankertz 1982; Müllges 1967). Die allgemeine Fortbildungs- schule hatte die Aufgabe, die sogenannte Erziehungslücke zwischen Volksschulentlassung und Militärdienst zu schließen („Lückentheorie"). In diesem Sinne war sie primär eine Teilzeiteinrichtung zur Disziplinierung und sozialen Kontrolle der männlichen Jugend (vgl. Greinert 1975). Eine berufsqualifizierende Funktion war angesichts der mangelhaften Ausstattung nicht realisierbar, und sie war von einflussreichen Kreisen auch nicht erwünscht. So hatte die Industrie überwiegend nur wenig Interesse an einer planmäßigen Facharbeiterschulung. Und auch im Handwerk herrschte die Auffassung vor, dass über praktisch erlernbare Fertigkeiten hinaus ei- ne theoretische Unterweisung nicht erforderlich sei. Davon abgesehen wurde befürchtet, berufliche Schulen würden die Ausbildung in die öffentliche Hand überführen (vgl. Blankertz 1969a, S. 130 f.). Von den Lehrern der Fortbildungsschule schließlich wurde die fehlende berufliche Konzent- ration beklagt. Zu den einflussreichen Wortführern der „Konzen- trationsbewegung" gehörten Friedrich Rücklin, Oskar Pache und Georg Kerschensteiner.

- Es ist das besondere Verdienst Kerschensteiners (1854-1932), die Ent- wicklung der Fortbildungsschule im Rahmen seiner Funktion als Stadt- schulrat in München (seit 1895) praktisch und politisch voran getrieben und auch maßgebliche theoretische Impulse zur pädagogischen Legitima- tion der Berufsschule gegeben zu haben (vgl. Reinisch 2003; Stratmann 1978; Wehle 2005; Wilhelm 1979). Kerschensteiner zählt nicht nur zu den Wegbereitern der modernen Berufsschule, sondern hat auch große Ver- dienste um die Reform der Volksschule erworben. Hierfür steht das Kon- zept der „Arbeitsschule". Kerschensteiner sprach von „geistig-körperlicher Arbeit", begriff diese aber vornehmlich als handwerklich ausgerichtete Tä- tigkeit. Er setzte sich dafür ein, dass in den Münchner Volksschulen Werk- stättenunterricht für Knaben und Schulküchenunterricht für Mädchen ein- geführt und das arbeitsschulpädagogische Unterrichtsprinzip der Selbsttä- tigkeit der Schüler praktiziert wurde (vgl. Kerschensteiner 1911; 1923).
- Maßgeblich für die theoretische Grundlegung der Berufsschule wurde Kerschensteiners „Preisschrift" aus dem Jahr 1901. Sie trug den Titel „Staatsbürgerliche Erziehung der deutschen Jugend". Es handelt sich um
- 31
- eine Arbeit, die Kerschensteiner als „Antwort" auf die im Jahr 1900 von der Erfurter Akademie der gemeinnützigen Wissenschaften gestellte öffentli- che Preisfrage eingereicht hatte: „Wie ist unsere männliche Jugend von der Entlassung aus der Volksschule bis zum Eintritt in den Heeresdienst am zweckmäßigsten für die bürgerliche Gesellschaft zu erziehen?" (vgl. Blankertz 1982, SW. 207). Der Preis wurde von Georg Kerschensteiner gewonnen. Er hatte die Preisfrage mit der überraschenden These beant- wortete: „durch Berufserziehung". Der Fortbildungsunterricht müsse, so führte Kerschensteiner aus, die berufliche Arbeit zu ihrer didaktischen Konzentration wählen und an die egoistischen Interessen ihrer Schüler anknüpfen, um ihnen deutlich zu machen, dass es um ihren Platz im Le- ben gehe. Dies sei die entscheidende Voraussetzung dafür, die aus der Volksschule entlassene Jugend auch für altruistische staatsbürgerliche Ziele zu gewinnen. Mehr noch: Die Berufserziehung sei, da elementare menschliche Tugenden entwickele, „die Pforte zur Menschenbildung" (Kerschensteiner 1904, S. 94 ff.).
- Staatsbürgerliche Erziehung und berufliche Tüchtigkeit sind nach der „Pfortentheorie" Kerschensteiners eng aufeinander verwiesen. Die Verbin- dung zwischen beiden Komponenten wird über das allgemeine Ziel der „sittlich freien Persönlichkeit" hergestellt (vgl. Reinisch 2003). Für Ker- schensteiner ist die „Erziehung zur beruflichen Tüchtigkeit die condio sine qua non aller staatsbürgerlichen Erziehung. Aber in der Verfolgung dieses Zieles, in der Erziehung zur Arbeitsfreudigkeit und Arbeitstüchtigkeit ent- wickeln sich auch jene bürgerlichen Tugenden, die wir als Grundlagen al- ler höheren sittlichen Bildung betrachten müssen: Die Gewissenhaftigkeit, der Fleiß, die Beharrlichkeit, die Selbstüberwindung und die Hingabe an ein tätiges Leben ..." (Kerschensteiner 1901, S. 17).
- Berufliche Bildung wird bei Kerschensteiner nicht als Vorbereitung auf die Anforderungen der industriellen Gesellschaft verstanden, sondern primär unter dem Gesichtspunkt der Integration Heranwachsender in die staats- bürgerliche Gesellschaft angesehen. Insofern kann man mit Recht fragen, ob es sich bei diesem Ansatz überhaupt um eine Berufsbildungstheorie handelt. Gisela Stütz hat in ihrer Kritik der berufspädagogischen Position Kerschensteiners geradezu von einer „List zur staatsbürgerlichen Erzie- hung" gesprochen (Stütz 1970, S. 35 f.). Sie bezieht sich dabei auf die Preisschrift von 1901. Darin hatte Kerschensteiner gefragt: „Wo sollen wir den jungen Staatsbürger packen, um ihn zu einem einsichtsvollen Al- truismus zu erziehen?" (Kerschensteiner 1901, S. 36). Auf diese Frage schien Kerschensteiner nur eine Antwort möglich: „Bei seiner Arbeit." Be- zeichnend ist die Begründung seiner Antwort, die den Vorwurf der „List" nahelegt: „Haben wir hier den Knaben gewonnen, so haben wir sein Vertrauen, und haben wir sein Vertrauen, so haben wir seine Führung, seine sittliche wie seine intellektuelle" (Kerschensteiner 1901, S. 36 f.).
- Kerschensteiners Ansatz wurde wegweisend für die berufspädagogische Diskussion der nachfolgenden Jahrzehnte. Sie hatte nicht nur im Kaiser- reich, sondern auch noch während der Weimarer Republik einen hohen Stellenwert (vgl. Lange u. a. 2001, S. 21). Wie lässt sich diese Resonanz erklären? Auch hier müssen – wie bei der Interpretation des Litauischen Schulplans von Humboldt – sozialgeschichtliche und politische Zusam-
- 32
- menhänge beachtet werden (vgl. u. a. Bruchhäuser 2000; Greinert 1975; 2008; Stratmann 1988). Hervorzuheben ist in diesem Zusammenhang, dass Kerschensteiners Ansatz von vorindustriell-berufsständischen, ja so- gar anti-demokratischen Einflüssen bestimmt ist. Von seinen Auswüchsen gegen die „Irrlehren der Sozialdemokratie" ganz abgesehen (vgl. Blankertz 1982, S. 207 f.). Folgt man den Studienbuch von Lange u. a. (2001, S. 22) kann Kerschensteiners Neubestimmung der staatsbürgerlichen Erzie- hung mit Hilfe eines traditionell-handwerklich orientierten Berufsverstän- nisses als Antwort auf die Folgewirkungen der Industrialisierung in Deutschland interpretiert werden. Angesichts der Auflösung traditioneller Lebensformen, zum Beispiel der „ganzheitlichen" Ausbildung der Lehrlinge im Handwerk, die im Haushalt des Meisters lebten, und der Expansion des industriellen Fabrikwesens mit der damit verbundenen Massenbeschäfti- gung von ungelernten Arbeitern befürchteten weite Teile der bürgerlichen Öffentlichkeit ein Auseinanderfallen der Gesellschaft und die Gefährdung der staatlichen Ordnung. Wie viele andere auch sah Kerschensteiner in der Umwandlung der Fortbildungs- zur Berufsschule und der Pflichtbe- schulung der aus der Volksschule entlassenen Jugend ein probates Mittel gegen die Proletarisierung der nach seiner Meinung falsch ausgerich- terichtete Politisierung der Arbeiterjugend.
- Die Schwierigkeit, Kerschensteiners Beitrag zur Entwicklung der Berufs- schule und zur Berufsbildungstheorie zu würdigen, liegt darin, dass bei diesem Ansatz fortschrittliche Momente der Reformpädagogik und Berufs- erziehung eng mit staatsbürgerlichen und gesellschaftspolitischen Vorstel- lungen verbunden sind, die auf eine fragwürdige Instrumen-

talisierung und „politische Funktionalisierung" der Bildung und letztlich auch der Bildungs- theorie hinauslaufen (vgl. Stratmann 1988, S. 590 ff.). Bezogen auf diese Ambivalenz zieht Blankertz in seiner Kerschensteiner-Interpretation das Fazit:

• „daß Deutschland an der Wende zum 20. Jahrhundert ein neues berufliches Ausbildungswesen erhielt, welches gleichsam als Ironie der Entwicklung die Konturen und Inhalte nicht von den Trägern der Industrialisierung, sondern von vorin- dustriell-berufsständisch denkenden und handelnden Kräften bestimmen ließ. Positiv aber führte die im Fortbildungsschul- wesen entwickelte Tendenz zu einer didaktisch- methodischen Orientierung am Beruf gerade deshalb, weil sie pädagogisch und nicht ökonomisch motiviert war. So er- schien die Pädagogik nach fast 100-jähriger Abwesenheit wieder auf dem Felde der Berufsausbildung" (Blankertz 1982, S. 209).

11. Vorlesung – 21.01.2015

Klausur: weniger erste Vorlesungen, eher letzten 5-6 Vorlesungen relevant

G. Kerschensteiner

• Vater der deutschen Berufsschule; warum er: ist Glaube und Idealisierung; in Bayern ist Heiliger; eigentlich gibt es aber mehrere

1. **Konstruktion eines Star-Kasten (Projektunterricht):** in 6., 7. oder 8. Klasse gemacht; geometrische Skizze Star-Kasten anfertigen; möglichst wenig Verschnitt und wenig geringer Arbeitsaufwand; Lsg.: mit Brett beginnen, warum 6 Teile und wie verteile ich diese zum Kasten; Lh über kluge Projektidee nachdenken, Ln mit Aha-Effekt aus Unterricht gehen; wichtigste Erfahrung: geistige und handwerkliche Tätigkeit, erst im Kopf bauen und dann anfangen

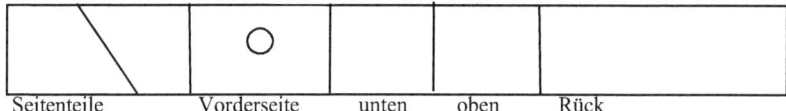

| Seitenteile | Vorderseite | unten | oben | Rück |

2. **Einführung von Hauswirtschaft für Mädchen an Schulen in München** (größerer finanzieller Aufwand; Veränderung Aufbau Schule etc.)
3. **Das „Forellen-Gleichnis"** (Vortrag vor Lh gehalten; hat etwas mit seinem Namen zu tun; Angler sitz am Teich und hält Angelhaken mit Köder ins Wasser; Was würde passieren, wenn Kirschstein als Köder nutzen würde? Fisch nicht dumm, würde nicht hinschwimmen; wer mit Kirschkern angelt= kein guter Angler; müsste ihn z.B. mit Heuschrecke verstecken, dann würde Fisch Kirschkernköder doch schlucken; Schüler= Fisch und Lehrer= Angler (Menschfischer); muss sich als Lh über Motivation Gedanken machen besonders in den letzten Stunden, man braucht „Heuschrecke" (Bon Bon, Eis, braucht es für Prüfung/ Praxis etc. zieht nicht immer); z.B. mehrere Sinnesorgane (Kopf, Herz, Hand) einbeziehen könnte schon motivieren (K.= Pestalozzianer) doppelter Effekt: macht mir als Lh und Ln mehr Spaß; Berufsschule um 1900 war für Ln sowie so nicht interessant, kann sie nur an Lebensidealen packen und überzeugen, dass Unterricht dazu Beitrag leisten kann

   ▪ **Sachliche Seite Gleichnis**
   ▪ **Didaktische Schlussfolgerungen „Je... desto..."**
   ▪ **Ethische Überlegungen** (wirft Frage auf, ist jeder Köder moralisch zu verantworten? Beantwortung nicht leicht)
   ▪ **Formulierung eines Prinzips für Lh: Wo ist die Grenze (Begriff: Köder)** Welchen Köder würde ich nicht nehmen? Wähle nur solche Motivationsmöglichkeiten auf, die moralisch verantwortbar ist und was nicht? (nächste Woche: NS in Schulen hat Begeisterung bei Ln und Lh hervorgerufen, die heute wünschen würde; Nazis beste Didaktiker)

18

Max Weber 1862-1920)

- Soziologe
- Die protestantische Ethik und der Geist des Kapitalismus (1904)
  - Zusammenhang zwischen Religion und Ökonomie → Weber wollte dieser Frage nachgehen
  - a) Wovon hängt Kapital und Bildungsstreben ab?
    - beides scheint im Zusammenhang zu stehen
  - b) Weshalb gibt es regionale Unterschiede?
  - c) Welchen Anteil hat die Religion daran? (Weltreligionen)
    - Betrachtung der Weltreligion sowie Betrachtung der einzelnen Strömungen jeder Weltreligion
  - d) Gibt es Unterschiede zwischen den Konfessionen?
    - katholische + evangelische Kirche

Hypothese: Protestanten sind in Kapital- und Bildungsstreben Katholiken überlegen
- Christen= Volk der Wandelnder und Handwerker
- Judentum= Volk von Händlern
- Islam= Kriegerreligion
- Konfuzianismus = Staatsreligion
- Zusammenhang von Bildungsstreben und konfessioneller Schichtung

In %	Protestanten	Katholiken	Juden
Bevölkerung	37	61	1,5
Gymnasium	43	46	9,5
Realgymnasium	69	31	9
Oberrealschule	52	41	7
Realschulen	49	40	11
Höhere Bürgerschule	51	37	12

- Diskussionen, Kritiken, Antikritiken brachen aus
- Katholiken konnten Gegenbeweis nicht liefern
- Was sind die Ursachen dafür und was läuft in den jeweiligen Familien anders?

Werner Sambart 1911
- „Die Juden und das Wirtschaftsleben"
- Überdurchschnittlich hoher Kapitalbesitz
- Eigentümer von Banken und Großbetrieben
- Studium jüd. Söhne/Töchter an Unis →überdurchschnittlich bezogen auf Gesamtbevölkerung
- Arbeitet indirekt (unbewusst) den Nazis zu, da er Statistik über jüd. Besitztümer liefert
- Abendland heutige westl. Länder (USA, Westeuropa)
- Morgenland (Nahost, Fernost)

Befunde Weber
- Nur im Abendland gab es rationale Naturwissenschaften, rationale Strukturen in Politik + Verwaltung (Aktenmäßigkeit)aber auch in Indien
- Rationalität durchdringt in moderner Gesellschaft alle Bereiche, auch Bildungswesen

- Ernstzunehmender ??? zwischen Gesellschaft und Religion → Religion mitunter gefährlicher geworden

12. Vorlesung 28.01.2015

- **Schwerpunkte**: →
  - Nationalsozialismus
  - Max Weber
  - Kerschensteiner
  - Diesterweg
  - Pestalozzi
  - Ecole Polytechnique
- Martin Kipp: Erkundungen im Halbdunkel (pdf-Datei im Netz)
- 1945 nicht geglaubt, dass NS in Theorie und Praxis noch so lange beschäftigt und bleibende Aufgabe Geschichtsunterricht ist, Wissen darüber zu vermitteln
- Lehrer muss mit Unwissen, falscher Einschätzung etc. Schüler rechnen und Lh muss sich somit dort sehr gut auszukennen
- Moralisches Urteil verfügt (fast) jeder Mensch heutzutage
- Massenmedien, Arme (Wehrmacht vs. SS) Schulische Bildung etc. kennt nicht jeder
- Frage bis heute prägnant: Wie konnte es gelingen ganzes Volk so zu manipulieren, dass Kriegsvorbereitung und Krieg selber so gut angekommen ist? Trotz des Verlierens im 1. WK + obwohl wusste, dass es noch schlimmer werden wird; vor allem Mütter hätten sich dagegen aussprechen müssen → Instinkthandlung, zu der im Stande gewesen wäre
- Jedoch waren Teile Frauen und Mädchen genauso begeistert
- Jugendliche und Kinder zu begeistern, ist leicht; aber warum Erwachsene, Intellektuelle etc. auch motiviert und manipuliert > ANTWORT: ERZIEHUNG
- Mit Motivation und Begeisterung kann es soweit kommen →verspricht Beseitigung Arbeitslosigkeit (hat es geschafft)
- Weltwirtschaftskrise hat Menschen geprägt → Hitler hat geholfen und sie somit begeistert
- Schule: sechs Tage die Woche → NS haben Samstag als Schultag abgeschafft (Zeltlager, Geländespiele→ war Abenteuer der Jugend)
- Geschickte Erziehung, Sozialisation, Medien (Kino, Radio, Fernseher), in Schulen Lichtbilder eingesetzt zur Illustration→ alles wurde interessanter und lockerer
- Lehrer in USA: hat Schülern erklärt, dass es hier solch eine Manipulation/ Begeisterung gab und Schüler haben ihm das nicht geglaubt→ „Die Welle"
- Einstellung der Jungend und Kinder vor allem auch durch Familie geprägt, aber auch durch Lehrer, Medien etc.
- Hitler und engsten Vertrauten hatten alle eigene psychische Eigenheiten→ haben nicht relativiert, immer noch Dinge völlig verzerrt gesehen, sogar zu Kriegsverbrecherprozessen
- Moralische Bewältigung Themas auf verschiedenen Wegen beobachten z.B. juristischer Weg (nur Straftatbestand verurteilbar, aber moralisches findet keine Beachtung)
- Pädagogische, ethisch-moralische Art um sich der Sache zu nähern
- Kann Biografien lesen darüber (Täterbiografien überwiegen); gibt auch Opferbiografie (vor allem von DDR verfolgt → Prioritäten haben die Opfer → Nackt unter Wölfen→ wahre Begebenheit)
- Epoche gewinnt am Einzelschicksal eine gewissen Überzeugung; muss nicht alles wissen, sondern reicht

mit Einzelschicksal zu beschäftigen; wenn selber etwas über Tsunami höre mit vielen Toten beschäftigt uns das nicht so sehr, aber wenn Einzelschicksal vorgestellt wird, berührt einen das mehr

Schulwesen

- Ist symptomatisch; wer damals in Schule war, ist dann Soldat geworden; erziehen jetzt die Soldaten von morgen= Ziel
- Lh haben dadurch schuldig gemacht, dass in Dienst des Systems gestellt haben
- Hierarchie wurde immer als Grund für Handeln angegeben (Schuld wurde weitergeschoben)
- Wofür haftbar gemacht werden bei Prozess? Opfer, Täter, Mitläufer→ moralische Schuld Mitläufer am schwersten zu beurteilen; Opferstellung ist klar; Täter= Fanatiker und Urteil auch klar
- Wann muss man als Lehrer Zivilcourage zeigen? Moralische Entscheidungssituationen gibt es bis heute→ Verantwortung übernehmen ja/nein
- Damals sicherlich auch Lh gegeben, die Schüler zum Nachdenken angeregt haben und Krieg angezweifelt haben, auf indirekte Art und Weise→ diese Lh waren Helden, da etwas getraut haben, obwohl Gefahr bestand, dass von Ln denunziert werden können
- Mitläufer am schwierigsten zu beurteilen z.B. kann große Schwierigkeiten bekommen, wenn nicht an System hält (bes. schlimm, wenn Familien vorhanden ist)
- Aber auch Lh können Ln denunzieren, wenn z.B. bemerkt, dass illegales Radio gehört hat→ kann aber auch hinweisen, dass vorsichtig sein soll mit Aussagen
- Auch Eltern müssen Kinder warnen; z.B. wenn illegales Radio höre und in Schule danach gefragt wird, müssen Kinder lügen →moralisch sehr schwierig für Eltern und Kind
- Im Krieg werden Kinder schneller erwachsen→ Kind nimmt Rolle Elternteil ein
- Juden: 1-2% der Bevölkerung ausgemacht; Jude war der Nachbar, der Händler bei dem Milch gekauft hat → Thema Judenhass im Unterricht durchgenommen am einfachen alltäglichen Bsp.; Kind kann dies nicht deuten und weiß nicht, wem glauben soll; pädagogisches Axiom: Lehrerin kann man vertrauen → warum soll Lh Mist erzählen, denkt darüber nach; Mutter: offiziell dort keine Milch kaufen, aber machen heimlich→ wieder moralischer Zwiespalt für Kind
- NS nicht nur die großen Schlachten, KZ, 6 Mio. tote Juden etc., sondern auch Einzelschicksal
- Stauffenberg: relativ großes Netz informeller Beziehungen, die eingeweiht waren; viele Offiziere teilte Meinung, dass Krieg verloren ist und Hitler getötet werden muss
- Stufen der moralischen Urteilfähigkeit (Kohlberg) bei Stauffenberg zu beobachten; 1. Ist gut, was nicht bestraft wird→ disziplinare Erziehung durch Strafe in Wehrmachtsausbildung; Stauffenberg durchläuft alle Stufen 4. Eid und Ehre des Offiziers (darauf beruht ganze Arme) →5. er stellt aber letzte Position in Frage und will nicht Willkür Hitler ausgesetzt sein (Nach seinem Tod beginnt Säuberungsarbeit ohne gleichen) 6. Ich gefährde mich und meine Familie
- Großer Unterschied zwischen Aussprache und Gefühlen/Meinung→ woher soll wissen, wie andere reagiert, wenn persönliche Meinung mitteile, kann aber auch verpfiffen werden→ bei Sturzversuch entstand Netz von 500-600 Leute, die mitmachten und eingeweiht waren
- Moralstufentheorie (aus Sozialisation) scheint mehr als bloße Theorie zu sein→ 39´ sieht in Mentalität anders aus als 44´
- Milgram: Experiment mit elektrischen Stromschlägen→ war Realität in KZ
- Soziale Struktur in KZ ist verschärfte Spiegelbild der damaligen Gesellschaft → KZ war das schlimmste an der ganzen Sache; Krieg gibt es bis heute überall auf Welt, aber so etwas gab es nie wieder
- Gibt zwei Möglichkeiten damit umzugehen, was kann vorausschauend tun oder kann jederzeit wieder

passieren?

- o Wichtig sind Informationen (Unwissende aufklären, z.B. in KZ fahren und ansehen, aber besser allein, nicht in großer Gruppe→ schwierig, ob Thema in Unt. behandelt werden sollte, da Vermittlung nicht immer erfolgreich ist)
- **Victor Klemperer (1881-1960): LTI- Lingua Tertii Imperii Die Sprache des dritten reiches**
- Hat Lehramtsstudenten in Französisch unterrichtet; hat dies lange getan, trotz Sperren etc.
- Tagebücher bei Studenten und Kollegen versteckt und bis heute erhalten (alle 2-3 Tage Notizen gemacht, was sich alles ändert)
- Sprachanalyse: ist sichere Indikator für Denken, Fühlen
  a) **Sprache als Raum des politischen Alltags (Medien)**
  b) **Militarisierung der Sprache in Erziehung**
     - Pflicht, Gehorsam und Disziplin gehören eigentlich nicht zu Alltag, ziehen bestimmte Erziehung mit sich (Lehrer z.B. in SA-Uniform)
  c) **Begriffe sind kleine Arsen-Dosen, die unbemerkt aufgenommen werden**
     - Wie dringt NS in Menschen ein: Schule, Medien, Zeitung, Bücher (NS-Philosophie)
  d) **Gehäufte Superlative im NS**
     - „das beste Gewehr in den Händen der besten Männern"
     - Heute muss man sich manchmal noch davon distanzieren (Schriftart bei Word)
  e) **Laustarke Reden (Fanatismus)**
     - „Willst du den totalen Krieg?" → Menschen manipulierbar, wenn in großer Gruppe unterwegs ist; auch heute noch Gefahr gegeben
  f) **Körpersprache (Lehrer, Soldaten, HJ, BdMädel)**
     - Soldatische, paramilitärische Haltung eingenommen, um absolute Identität zu beweisen; Lernt marschieren und exerzieren in HJ und BdMädel → Verinnerlichung Haltung

- Sprache ist Spiegelbild in jeder Gesellschaft
- Klemperer Krieg überlebt: vergleicht Sprache BRD und DDR→ klingt für ihn, dass Sprache vierten Reiches gibt→ hat Ähnlichkeiten festgestellt